Herderbücherei

Band 1008

Über das Buch

Machen wir uns nichts vor: es gibt Wahrheiten im Christentum, mit denen wir buchstäblich nicht fertig werden. Sie passen nicht in unser Weltbild. Sie sind so groß, daß wir sie denkend gar nicht ausschöpfen können. Gerade Menschen, die sich ehrlich um den Glauben bemühen, können z. B. angesichts der Frage, wie der gütige Gott das Böse in der Welt dulden kann, in ernsthafte Zweifel geraten. Solche Fragen hat Romano Guardini in diesem Buch aufgegriffen und behutsam einer Antwort näher gebracht. Die FURCHE in Wien schrieb dazu: „Man merkt es den einzelnen Kapiteln an, daß Romano Guardini in die Theologie des Neuen Testaments sich tief hinein gelebt hat und daß er aus der Tiefe eines umfassenden Wissens schöpft."

Über den Autor

Romano Guardini, geboren 1885 in Verona, 1896 Übersiedlung der Familie nach Mainz (Vater Konsul). Studium der Natur- und Staatswissenschaft, danach der Theologie an verschiedenen Universitäten. 1910–1920 mit Unterbrechungen in der Seelsorge. 1923 Professor für Religionsphilosophie und Christliche Weltanschauung in Berlin, 1939 entlassen. 1945 Universität Tübingen, 1949 München, Friedenspreis des deutschen Buchhandels, Pour le Mérite, Großes Bundesverdienstkreuz. Gestorben 1. Oktober 1968.

Romano Guardini

Glaubenserkenntnis

Versuche zur Unterscheidung
und Vertiefung

Herderbücherei

Veröffentlicht als Herder-Taschenbuch
Lizenzausgabe des Werkbund-Verlages Würzburg

Mit kirchlicher Druckerlaubnis
Herder Freiburg · Basel · Wien
Herstellung: Freiburger Graphische Betriebe 1983
ISBN 3-451-08008-7

INHALT

DIE ANBETUNG

I

Im vierten Kapitel der Geheimen Offenbarung des heiligen Johannes lesen wir:

»Danach hatte ich ein Gesicht, und siehe, eine Türe tat sich auf im Himmel, und die erste Stimme, die ich mit mir wie eine Posaune hatte reden hören, sprach: ›Steige hier herauf, und ich will dir zeigen, was danach geschehen soll!‹ Sogleich ward ich vom Geiste ergriffen, und siehe, ein Thron stand im Himmel, und auf dem Thron saß Einer, und der da saß, war von Ansehen gleich wie ein Jaspisstein und Sardion; und ein Regenbogen war rings um den Thron, anzuschauen wie ein Smaragd. Und rings um den Thron vierundzwanzig Throne, und auf den Thronen saßen vierundzwanzig Älteste, angetan mit weißen Gewändern und goldene Kränze auf ihren Häuptern. Und von dem Thron gingen Blitze aus und Stimmen und Donner; und sieben Feuerfackeln brannten vor dem Thron, welches die sieben Geister Gottes sind. Und vor dem Thron war ein gläsernes Meer, gleichwie Kristall. Und mitten vor dem Throne und rings um den Thron standen vier Tiere, vorne und hinten mit Augen übersät. Und das erste Tier war gleichwie ein Löwe, und das zweite Tier gleichwie ein Stier, und das dritte Tier hatte ein Angesicht wie ein Mensch, und das vierte Tier war gleichwie ein fliegender Adler. Und die vier Tiere — jedes von ihnen — hatten sechs Flügel, ringsherum und innen mit Augen übersät. Und sie haben keine Ruhe und rufen bei Tag und bei Nacht: ›Heilig, heilig, heilig der Herr, Gott der Allherrscher, der war und der ist und der kommt!‹

Und sooft die Tiere Ehre und Ruhm und Dank dem geben, der auf dem Thron sitzt, der da lebt von Ewigkeit zu Ewigkeit, fallen die vierundzwanzig Ältesten nieder vor dem, der auf dem Thron sitzt, und beten den an, der da lebt von Ewigkeit zu Ewigkeit, und sie legen ihre Kränze vor den Thron und sprechen: ›Würdig bist Du, unser Herr und Gott, zu empfangen den Ruhm und die Ehre und die Macht, denn Du hast alles erschaffen, und durch Deinen Willen war es und ist geschaffen worden.‹ « (4, 1–11)

Ein mächtiges Bild, das gewaltigste vielleicht unter allen Gesichten der Apokalypse; zugleich ein letzter Glanz aus der alttestamentlichen Prophetie, leuchtet doch darin die große Vision des Propheten Ezechiel durch, von der er zu Anfang seines Buches berichtet . . Wir wollen zuerst den Einzelheiten nachgehen.

Johannes sagt: »Danach hatte ich ein Gesicht.« Innerlich, von Gott her, leuchtet ihm ein Bild auf. Er wird in einen Vorgang hineinversetzt, durch den ihm göttliche Wahrheit kund wird.

Er schaut »den Himmel«, die allem Menschlichen verschlossene Vorbehaltenheit Gottes. In ihm sieht er »eine Türe«; Bild dafür, daß er nur bis zu einer gewissen Grenze schauen kann und dann sich eine Wand entgegenstellt, eine Schranke erhebt. Es wird ihm aber gewährt, hindurchzugehen und Größeres zu schauen. Dazu ruft ihn »eine Stimme«. Es wird nicht gesagt, wem sie gehört; es ist »die Stimme« einfachhin, der Ruf im Geiste.

Dem Ruf antwortet die Bereitschaft des Sehers. Er wird »vom Geiste ergriffen«, in ein höheres Bewußtsein, in eine höhere Bewegungsfreiheit gehoben und durchschreitet so die Tür.

Da sieht er einen Thron stehen. Auf dem Throne sitzt eine Gestalt, von der keine Einzelheit wahrgenommen wird. Sie bleibt in der Übermacht ihrer Herrlichkeit verhüllt.

Auch um den Thron ist Glanz und Kostbarkeit. Dessen Größe wird dadurch ausgedrückt, daß gewaltige Bilder sich häufen, ja gegenseitig aufheben. Vor dem Thron ist etwas »wie ein gläsernes Meer«, »wie Kristall«; rings um den Thron »ein Regenbogen wie Smaragd«; unmittelbar vor ihm »sieben brennende Fackeln« . . . Vom Thron selbst gehen Blitze und Stimmen und Donner aus, Zeichen geheimnisvoller Mächtigkeit; jedoch, wohlgemerkt, nur vom Throne, nicht von der sitzenden Gestalt selbst. Die ist ganz still. Ihre Stille aber ist gewaltiger als jeder Donner und mächtiger als jeder Blitz.

Um den Thron stehen vierundzwanzig andere Throne; kleiner offenbar und tiefer. Auf ihnen sitzen »Älteste« in weißen Gewändern und mit goldenen Diademen, den Farben heiliger Feierlichkeit. Es sind Älteste; in ihnen hat das Leben seine höchste Reife erreicht. Und es sind vierundzwanzig. Vier ist die Zahl der Himmelsrichtungen, also des Weltalls; drei die der göttlichen Vollkommenheit. Drei mal vier, zwölf also, die Zahl des Inbegriffs. Die wird noch einmal verdoppelt: Ausdruck für die nicht mehr zu übersteigende Fülle. Mithin sind die Ältesten die letzten Gipfelungen der Schöpfung und vertreten sie vor Gott.

In der Mitte vor dem Thron befinden sich geheimnisvolle Wesen. Sie sind durch drei Züge gekennzeichnet. Einmal dadurch, daß sie »Tiere« genannt werden. Die erschütternde Fremdartigkeit des göttlichen Bereiches drückt sich in dieser so fernen Erscheinungsform aus. Dann, daß ihre ganze Gestalt von Augen übersät ist. Sie sind »ganz Auge«, ganz Kraft des Schauens; ganz offen für die Herrlichkeit Gottes; begabt mit der Kraft, sie zu ertragen, und erfüllt vom Verlangen, sie zu schauen. Endlich haben sie sechs Flügel; Kraft, zu den Höhen des Geistes aufzusteigen, seine Weiten zu durchmessen, in seine Tiefen einzudringen. Es sind Kerube, die höchsten der Engel. Ihre Gestalten sind in der christlichen Kunst zu Symbolen der Evangelisten geworden; jener also, welche die Herrlichkeit des Mensch gewordenen Sohnes Gottes gesehen haben und ihm auf seinen Wegen gefolgt sind. Diese Wesen sind ganz erfüllt von der Gotteswirklichkeit, die sie schauen, und rufen ihr Staunen, ihre Erschütterung, ihre Anbetung in einem ewigen Ruf, dem himmlischen Lobpreis aus: »Heilig, heilig, heilig der Herr, Gott der Allherrscher, der war und der ist und der kommt!«

Ihnen antworten die vierundzwanzig Ältesten. Die Gipfel der Schöpfung, die Engel, geben mit ihrem Lobruf das Zeichen, und die Fürsten der Schöpfung antworten mit einem Tun, das tiefste Ehrfurcht ausdrückt: sie erheben sich von ihren Sitzen, nehmen die Diademe von ihren Häuptern, werfen sich nieder und legen den Schmuck ihrer Würde vor dem Thron nieder. Wir wollen aber darauf achten, wie ungeheuer das ist, was hier ausgesagt wird: immerfort ertönt der Ruf der Engel — denn es heißt ja, daß sie »keine Ruhe haben und rufen bei Tag und bei Nacht« — und jedes Mal, wenn sie rufen, vollziehen die Ältesten ihre Huldigung. Es ist also etwas, das alle Vorstellbarkeit überschreitet, und wir müssen uns daran erinnern, daß es Vision ist. Die geschauten Bilder stehen in der Ergriffenheit des Geistes und sind nur von da aus wirklich zu vollziehen. Was uns bleibt, ist nur der Eindruck von etwas, das über alle Maße geht.

II

Der auf dem Thron sitzt, ist Gott — wie aus dem Fortgang der Offenbarungen deutlich wird, Gott der Vater. Er wird geschaut als Jener, der über dem ganzen Geschehen der Apokalypse steht. Was immer geschieht, geschieht vor Ihm, unter seinen Augen. Er selbst handelt nicht, Er ist nur da; aber sein Dasein hat eine Macht, die alles Denken übersteigt. Weder Wort noch Handlung wird von Ihm berichtet — nur eine einzige Gebärde: daß Er das Buch mit den sieben Siegeln, den Sinn des Daseins, in der Hand hält und es dem Lamme reicht, auf daß dieses die Siegel löse (5, 1 u. 7). Sonst nichts, aber aus seiner Macht besteht und wirkt alles.

Dieser wird »der Allherrscher« genannt, der »war und der ist und der kommt«. Herr also nicht nur über alle Räume, sondern auch über alle Zeiten: die Vergangenheit, die Zukunft und den immer neuen Augenblick.

Das Ungeheure dieser Macht wird aufs eindringlichste zu Bewußtsein gebracht: durch den Glanz, in welchem der Thronende erscheint, so übergewaltig, daß kaum die Umrisse seiner Gestalt deutlich werden; durch die Ergriffenheit der Engel und ihr unaufhörliches Rufen; durch die Huldigung der vierundzwanzig Ältesten, in denen sich das All vor ihm neigt, und durch das Zeugnis, das sie ihm geben, er sei der Schöpfer alles Seins.

Wie wird aber diese Macht geschildert? Nicht so, wie es wohl auch in der Heiligen Schrift geschieht, wenn er als jener beschrieben wird, »der auf den Fittichen des Sturmes« einherfährt, die Wolken unter sich hat und die Blitze schleudert, so daß die Cedern des Libanon zerbrechen; oder als der Kämpfer und Kriegsherr, der in die Heere der Feinde stürmt und sie zerschmettert. Seine Macht hat die Form der vollkommenen Ruhe. Er stürmt nicht, Er donnert nicht, Er thront. Um seinen Thron gewittert es; seine eigene Gestalt aber ragt in der Stille reinen Lichtes. Ein Bild von Macht über allem Getöse, aller Erschütterung und Zerstörung. Vollkommene Macht, in reiner Gelassenheit. Herrschaft über jede Anstrengung und jede Anzweiflung hinaus. Mühelos-stilles Walten, das alles vermag.

Ist diese Macht aber auch Wirklichkeit? Ist Gott in der Welt wirklich »der Allherrscher«? Im Himmel, unter den Engeln ist Er es, denn sie gehorchen und dienen Ihm. Aber auf Erden, in der Welt der Dinge und Menschen? Unter den Dingen ist Er es wohl, denn sie folgen den Gesetzen, die Er ihnen angeschaffen hat, und gehorchen so einem Willen; aber unter den Menschen?

Was der Seher in den Gestalten der vierundzwanzig Ältesten schaut, ist wohl die Schöpfung, aber so wie sie ihrem Sinn nach und vor Gott sein soll und einst, in der Vollendung der Ewigkeit, sein wird. Jetzt aber ist sie in der Zeit, im Zustand der Prüfung und Entscheidung. Der Sinn des Daseins, der in der Vision offensteht, ist jetzt verschlossen. Er muß immer neu von der Erkenntnis des Menschen erschaut und von seiner Freiheit gewollt werden; er leuchtet auf und verschwindet wieder. Was einst den Zustand alles Seins bilden wird, ist jetzt verworren, umstritten, dem unsteten Tun des Menschen in die Hand gegeben. Gott hat gewollt, daß das Dasein sich aus der stummen Gesetzlichkeit der Dinge in die Klarheit des Geistes hinaufbaue, über dem Reich der Notwendigkeit sich das der Freiheit erhebe — wenn Er das aber gewollt hat, mußte Er dem Geist und der Freiheit auch Raum geben, damit sie wirklich wählen und handeln könne. So kann der Anschein entstehen, als sei Gott ohnmächtig und müsse den Menschen, der sich wider Ihn empört, Ihn leugnet, für nicht daseiend erklärt, gewähren lassen. Aber gerade das ist wirkliche Macht, denn sie hält sich in der Wahrheit. Sie ist ihrer selbst gewiß und der Geduld fähig, denn sie weiß, ihr kann nichts entgehen, auch wenn der Schein der Eigenmächtigkeit und der Wille

„Der Alte würfelt nicht" Einstein

zur Empörung noch so groß sind. Einmal wird die Zeit ein Ende haben und in die Ewigkeit übergehen. Dann wird jedes Menschendasein den Sinn haben, den es in der Zeit gewählt, und so viel wirklich sein, als es sich für den Willen Gottes entschieden hat. Die unausweichliche Genauigkeit dieses Gesetzes wird die Macht des Allherrschers offenbaren. Dann wird das ganze Dasein wirklich in der Gestalt der sich neigenden Ältesten verfaßt sein — freilich auch, wovon die Geheime Offenbarung anderswo spricht, in der Verlorenheit derer, welche die Wahrheit nicht gewollt haben und sie nun als Ausgeschlossensein vom Reiche Gottes zugeben müssen.

Ja, das Gesagte erstreckt sich auch auf die Dinge. Wir sahen, Gottes Herrschaft verwirklicht sich an ihnen dadurch, daß sie nach den Gesetzen bestehen, die Er ihnen gegeben hat; dennoch ist auch das noch nicht vollkommen. Auch für sie bedeutet die Zeit mehr, als nur daß sie entstehen und vergehen. Auch sie sind verschlossen. Es ist nicht leicht zu sagen, was das ist; wir müssen Bilder und Ahnungen zu Hilfe rufen. Was tut der Künstler, wenn er einen Baum oder eine Landschaft malt? Er gibt das, was er sieht, nicht nur wieder, sondern gestaltet es um. Er holt das Eigentliche deutlicher heraus; formt die Zufälligkeit der Erscheinungen auf das Wesentliche hin; macht die äußeren Dinge zum Ausdruck des menschlichen Erlebens; bringt das eine Ding mit dem anderen in tiefere Beziehungen, als sie jetzt bestehen, so daß die Dinge ineinander leben und durch sie hindurch das Ganze und Eine aufsteigt. Etwas Ähnliches ahnen wir, wenn an einem ganz klaren Nachmittag alles sich zu verwandeln scheint, Berge und Ebenen wie durchleuchtet sind, die Dinge in einer stillen Macht der Gegenwärtigkeit dastehen, die sich selbst und noch Unendliches mehr bedeutet; wenn von allem zu allem ein Einvernehmen waltet und es ist, als werde jede Gestalt für das Eigentliche durchsichtig, so daß man auf etwas wartet, das alles erfüllen soll . . Auf Erden, in der Zeit, sind die Dinge verschlossen: gegen ihren eigenen Sinn, weil der sich in der Unzulänglichkeit des zufälligen Seins nicht ausdrücken kann; gegeneinander, weil jedes nur sein kann, indem es das andere von sich weghält; gegen das Ganze, weil sie voneinander getrennt sind, hart und bruchstückhaft und undurchsichtig, so daß alles im letzten auseinanderfällt. Auch in den Dingen scheint Gottes Herrschaft noch nicht erfüllt zu sein. Die Schöpfung ist noch nicht vollendet. Sie ist in ihrem ersten Zustand, dem Zeithaft-Irdischen, welcher dem ersten Zustand des Menschen, der Freiheit des Wählen-Müssens, der Geschichte und ihrer Erprobung zugeordnet ist. Wenn aber der Mensch durch Tod, Gericht und reinigendes Leiden in die zweite Freiheit eingegangen ist, welche das Einssein mit Gottes Willen, die Offenheit der Wahrheit bedeutet, dann werden auch die Dinge, durch Weltende und Untergang hindurch, in den zweiten Zustand getreten sein. Sie werden zum »neuen Himmel« und zur »neuen Erde« werden, in denen das Wesen offen ist im Sein, ein Ding offen für das andere, und in jedem Einzelnen das Ganze. Diesen Zustand, in welchem der verwandelte Mensch verbunden ist mit der verwandelten Welt, drückt die Geheime Offenbarung durch das Bild der himmlischen Stadt Jerusalem aus. Die Vision von ihr bildet den Abschluß des Ganzen. In ihr ist die Macht Gottes erfüllt. Jeder Schein der Ohnmacht ist abgefallen. Alles ist sein Eigentum. In allen Geschöpfen herrscht sein Wille, angenommen aus dem Tiefsten ihres Willens heraus. Von diesem Zustand ist das Sich-Neigen der Ältesten die Vorausahnung. Im heiligen Text heißt es: »Und ich sah einen neuen Himmel und eine neue Erde, denn der erste Himmel und die erste Erde waren vergangen, und das Meer ist nicht mehr. Und die Heilige Stadt, das neue Jerusalem, sah ich herabsteigen aus dem Himmel, von Gott, bereitet wie eine Braut, die sich ihrem Bräutigam geschmückt hat. Und ich hörte vom Throne her eine gewaltige Stimme, welche sprach: ›Siehe das Zelt Gottes unter den Menschen, und Er wird wohnen bei ihnen, und sie werden sein Volk sein, und Gott selbst wird unter ihnen sein und jede Träne abwischen von ihren Augen, und es wird kein Tod mehr sein, und Leid und Plage und Schmerz wird es nicht mehr geben, denn das Erste ist vergangen.‹ Und es sprach, der auf dem Throne sitzt: ›Siehe, ich mache alles neu!‹ Und wiederum sprach er: ›Schreibe: diese Worte sind glaubwürdig und wahr!‹ Und er sprach zu mir: ›Es ist geschehen. Ich bin das A und das O, der Anfang und das Ende.‹ . . . Und irgendein Verfluchtes gibt es nicht mehr. Und der Thron Gottes und des Lammes steht [in der himmlischen Stadt], und seine Knechte dienen ihm und schauen sein Antlitz, und sein Name steht auf ihren Stirnen. Nacht gibt es nicht mehr, und sie bedürfen nicht des Lichtes der Fackel und nicht des Lichtes der Sonne, denn Gott, der Herr, leuchtet über ihnen, und sie werden herrschen von Ewigkeit zu Ewigkeit.« (21, 1-6; 22, 3-5)

Aber kehren wir wieder zu der Vision zurück, die uns hier beschäftigt. Auf die Macht Gottes antworten der ewige Lobruf der Engel und die Huldigung der vierundzwanzig Ältesten. Die Ehre, die sie Ihm geben, ist von besonderer Art: es ist die Anbetung.

Was bedeutet sie? In der Anbetung neigen sich Engel und Menschen vor ihrem göttlichen Herrn; das Geschöpf vor Dem, der es erschaffen. Aber wie und warum? Nicht so, wie etwa ein Mensch, der mit einem schwachen Boot auf dem Meere fährt, vor dem Sturm nachgeben muß; oder wie ein Arzt, der um das Leben eines Kranken gekämpft hat, sich vor der Krankheit machtlos bekennt. Das alles wäre ein bloßes Überwundenwerden, aber keine Anbetung. Falls Gott Macht von dieser Art wäre, müßte der Mensch Ihm um seiner Ehre willen die Huldigung versagen, auch wenn dieser Gott ihn deswegen vernichtete. Die Engel, die Ältesten, das Geschöpf beugen sich anders vor Gott: nicht nur, weil Er mächtig, sondern weil Er würdig ist.

Der Gedanke entscheidet unser Verhältnis zu Gott, so müssen wir ihn wohl verstehen. Wir sind nichts vor Ihm; dennoch haben wir die Würde unserer Person. Nicht aus uns selbst, sondern von Ihm; aber wir haben sie wirklich, und sie verpflichtet uns. Vor einem Gott, der nur Macht wäre, könnten wir uns nicht in Ehren neigen, nur unterliegen. Er ist aber nicht nur Macht, sondern auch Sinn. So groß Gottes Macht, so groß ist auch seine Wahrheit. So vollkommen seine Herrschaft, so vollkommen ist auch seine Gerechtigkeit. So viel Er wirklich ist, so viel ist Er heilig. Gottes Sein und Können und Herrschen sind an jeder Stelle gerechtfertigt durch seine Wahrheit und seine Güte. Wenn der Ausdruck erlaubt ist: Gott ist nicht nur einfach Gott, sondern Er verdient es zu sein. Sein Gottsein ist, wie das der Philipperbrief vom ewigen Sohne sagt, nicht

»ein Raub«, sondern ein Recht (2, 6). In dem Hymnus der Messe, den wir nach seinem Beginn das »Gloria« nennen, steht ein Satz, der zuerst wie eine Torheit anmutet: »Wir danken Dir ob Deiner großen Herrlichkeit.« Wie kann man so sprechen? Danken kann man doch nur für das, was einer tut — wie soll man danken für das, was einer ist? Die Worte treffen aber genau, was wir hier meinen. Daß Gott ist, und was Er ist, bedeutet keine bloße Notwendigkeit oder Tatsache, sondern eine Huld. Es ist wirklich so: wir dürfen Ihm dafür danken, daß es Ihn gibt.

Hier wurzelt die Anbetung. Sie ist jenes Sich-Neigen des Geschöpfes, das nicht nur deswegen geschieht, weil Er mächtig, sondern weil Er würdig ist.

III

Großes, seliges Geheimnis, die Anbetung! In ihr vollzieht der Mensch seine letzte Pflicht, aber auch die Gewähr seines eigensten Heils, denn in ihr geschieht Wahrheit. Er vollzieht sie nicht nur durch Erkenntnis und Ausspruch, sondern durch die Bewegung des ganzen Seins. Sie ist das Fundament, der Pfeiler, die Wölbung, der Inbegriff aller Wahrheit: daß Gott Gott ist und der Mensch Mensch. Im Brief des Apostels Paulus an die Epheser findet sich ein abgründig schönes Wort; da sagt er, wir sollen »die Wahrheit vollziehen in Liebe« (4, 15). Das tut die Anbetung.

Sie ist die Gewähr unseres Heils, unserer innersten geistigen Gesundheit. Aber was soll das heißen? Kann denn der Geist auch krank werden? Ich glaube wohl. Der Körper wird krank, wenn er schädliche Stoffe in sich aufnimmt oder sonstwie gegen die Gesetze der Natur verstößt. Will er wieder gesunden, dann muß er das Schädliche ausscheiden und Ordnung halten. Das Gemüt wird krank, wenn die Triebe aus ihren Geleisen kommen; die Kräfte der Lenkung und Beherrschung nachlassen, einzelne Gedanken oder Motive derart die Oberhand gewinnen, daß sie die anderen hindern. Soll es wieder gesunden, dann muß die Ordnung hergestellt werden. Wie soll aber der Geist erkranken? Was man im allgemeinen so nennt, ist keine Erkrankung des Geistes, sondern der Nerven oder des Gemütes. Eine

Erkrankung des Geistes als solche kann nur von dorther eintreten, woher seine Gesundheit besteht: aus der Wahrheit und Gerechtigkeit. Der Geist erkrankt, wenn er von der Wahrheit läßt. Nicht schon, wenn er lügt, selbst öfters lügt. Dann gefährdet er sich; aber in der Reue findet er sich wieder, und in der Erneuerung des guten Willens heilt der Schaden aus. Wohl aber, wenn er innerlich von der Wahrheit abfällt. Wenn er von ihr nichts mehr hält; sie verachtet, sie zum Mittel für seine Zwecke braucht. Wenn in seiner inneren Haltung die Wahrheit nicht mehr jenes Erste und Wichtigste ist, das sie sein soll. Dann braucht er nicht im üblichen Sinne krank zu erscheinen, er kann sogar sehr tüchtig und erfolgreich sein; aber die Ordnung seines Daseins ist erschüttert. Die Gewichte sind falsch geworden, mit denen er die Dinge wägt. Er sieht nicht mehr, was Zweck und was Mittel ist. Er unterscheidet nicht mehr das Ziel und den Weg. Er hat die Sicherheit der inneren Richtung nicht mehr. Auf die letzten Fragen des »Warum« und »Wofür« fehlt ihm die Antwort. Das wirkt durch das ganze Dasein hin.

Was hat das mit der Anbetung zu tun? Alles, denn der Mensch, der Gott anbetet, kann nie vollständig aus der Ordnung kommen. Wer — seiner innersten Gesinnung nach und auch, sobald es dafür Zeit ist, wirklich, im lebendigen Akt — Gott anbetet, ist in der Wahrheit behütet. Er mag noch so vieles falsch machen; noch so sehr erschüttert werden und ratlos sein — im Letzten sind die Richtungen und Ordnungen seines Daseins sicher.

Wir tun gut, uns das ganz klar zu machen und danach zu handeln — wirklich zu handeln; die Anbetung wirklich zu üben. Das ist kein Vorsatz unter anderen, so wie man etwa sagt: »ich will mein Wort halten«, oder: »ich will meine Arbeit richtig tun«. Hier geht es um die Mitte und das Maß des Daseins. Davon, ob in unserem Leben die Anbetung ist, hängt irgendwie alles ab. Sooft wir anbeten, geschieht etwas; in uns selbst und um uns her. Die Dinge werden richtig. Wir kommen in die Wahrheit. Der Blick schärft sich. So manches, was uns bedrückt, löst sich. Wir unterscheiden besser zwischen Wichtig und Unwichtig, zwischen Zweck und Mittel, Ziel und Weg. Wir sehen klarer, was gut und was böse ist. Die Verschleierungen, die das tägliche Leben bewirkt, die Verschiebungen und Verfälschungen der Maßstäbe werden wenigstens in etwa zurechtgerückt.

Es ist gesagt worden, wir müßten die Anbetung üben. Das ist wichtig. Nicht warten, bis es uns dazu drängt und sie mit Selbstverständlichkeit aus der Stunde hervorgeht. Das wird selten genug der Fall sein und, wenn wir uns darauf beschränken, immer seltener. Auch die religiösen Dinge müssen geübt werden, wenn sie gedeihen sollen. Gott verlangt die Anbetung, und unsere Seele braucht sie; so müssen wir sie als Pflicht und Dienst vollbringen.

Wenn möglich, wollen wir dazu niederknien. Das Knien ist die Anbetung des Leibes. Darin vollziehen wir die Haltung jener Gestalten mit, in denen sich die Anbetung der Erde ausdrückte, der vierundzwanzig Ältesten . . Dann still werden; die Unrast des Körpers und der Seele wegtun; ruhig werden mit unserem ganzen Wesen. Im Augenblick der Anbetung sind wir nur für Gott da, für nichts sonst. Dieses Hinaustreten aus der Bedrängnis des Sorgens und Begehrens, des Wollens und Fürchtens ist selbst schon Anbetung und wirkt innere Wahrheit . . Und nun sich sagen: »Gott ist hier. Ich bin vor Ihm. So vor Ihm, wie die Gestalten der Vision vor dem Throne. Ich sehe Ihn nicht, denn alles ist ja noch irdisch und steht in der Verschlossenheit der Zeit; im Glauben weiß ich aber, daß Er da ist. Er ist Gott, und ich bin Mensch. Er hat mich geschaffen. Ich bin durch Ihn geworden, und in Ihm habe ich mein Bestehen . . .« Und nun braucht wohl nicht weitergeschrieben zu werden. Nun muß der, den es angeht, Gott ins Angesicht schauen, seinem Gott, und Ihm sagen, was sein Herz aus der Wahrheit des inneren Gegenüberstehens ihm eingibt.

Dann wird er erfahren, wie groß die Wahrheit der Anbetung, und wie wohltätig sie ist. So manches, was ihn ängstigt, fällt ab. So manche Sorge wird gegenstandslos. Sein Wünschen und Fürchten ordnet sich. Er wird zuversichtlich und kräftig für das, was das Leben von ihm verlangt. Er fühlt sich im Innersten geborgen, und die Mitte seines Wesens gewinnt festen Stand in Gottes Wahrheit. Von da aus tritt er dann wieder in sein Leben hinaus, fähig, in den Erprobungen, die es ihm auferlegt, zu bestehen.

Die Anbetung Gottes mitten in der Verschlossenheit der Zeit hat eine besondere Schönheit. Sie eilt der kommenden Offenheit voraus. Wo immer ein Mensch anbetet, dringt die neue Schöpfung durch. Ist es nicht wunderbar, das zu vermögen? Und ist nicht auch das wunderbar, sich sagen zu dürfen, daß man Gott die Ehre gibt, während Er sich selbst in den Schein der Schwachheit bescheidet? Daß man Ihm, der um der Wahrheit willen es auf sich nimmt, vom Willen des Menschen entehrt zu werden, die Treue hält und bekennt, auch jetzt sei Er »würdig, zu empfangen den Ruhm und die Ehre und die Macht«? Es ist vielleicht das Größte, was der Mensch empfinden kann: zu wissen, daß er, der Vergängliche und in der irdischen Wirrnis Verfangene, dem sich bescheidenden Gott gibt, was Ihm gebührt. Daß er diesem Gott in seinem Herzen den Thron aufrichtet und so für seinen Teil die Dinge richtigstellt.

GOTTES GEDULD

I

Wenn wir von Gott sprechen, sprechen wir meistens über seine Eigenschaften: daß Er heilig ist, gut und gerecht, allmächtig und allwissend. Mit den Eigenschaften Gottes hat es aber eine besondere Bewandtnis. Die eines Menschen sind mit ihrem Träger mehr oder weniger eng verbunden, doch nie so, daß dieser mit ihnen eins wäre. Er kann sie verlieren, und doch er selbst bleiben. Er kann etwa vertrauend und offen sein, dann aber durch allerlei Enttäuschungen mißtrauisch und verschlossen werden: dennoch bleibt er er-selbst. Das macht ja das Leben so schwer, daß man wohl anders werden kann, aber kein Anderer, und in der Veränderung ausharren muß. Bei Gott ist es nicht so. Wenn man Ihm seine Gerechtigkeit nehmen könnte, würde nicht ein ungerechter Gott übrigbleiben, sondern überhaupt keiner. Der Mensch hat seine Eigenschaften nur; Gott ist sie. Seine Eigenschaften sind sein lebendiges Sein selbst. In jeder offenbart Er sich unter einer anderen Rücksicht, und letztlich sind sie alle Eines. Dieses Eine freilich vermögen wir nicht zu verstehen, sondern ahnen es nur. Es müßte etwas Großes sein, einsehen zu können, daß Gottes Gerechtigkeit lautere Güte ist; das hieße aber begreifen, wie die Fülle der Gotteswerte rein und unvermischt in der Einfachheit seines Wesens besteht.

Aus diesen Eigenschaften Gottes wollen wir über eine nachdenken, die man nicht häufig nennen hört, nämlich seine Geduld.

Doch meldet sich gleich ein Einspruch: Kann man überhaupt bei Gott von Geduld reden? Ist Er nicht die Größe und Herrlichkeit selbst — Geduld hingegen etwas Kleines und Kärgliches, die Tugend des kümmerlichen Daseins? Denken wir an den Ausbruch Faustens: »Fluch sei der

Hoffnung, Fluch dem Glauben und Fluch vor allem der Geduld!« — muß nicht jeder starke Geist bei dem Wort dieses Gefühl haben? Die Geduld kann das, muß es aber nicht sein. So hat man zum Beispiel gesagt, Genialität sei Kraft zur großen Geduld, und damit Recht gehabt, denn Ungewöhnliches reift nur in langem Vorbereiten und Durchtragen. Vom großen Mann der Tat kann man ebenfalls sagen, er müsse fähig sein, zu warten, obgleich es in ihm brennt, bis der Augenblick kommt, und das Dasein sich ihm in die Hand gibt. Auch das ist Geduld. Und wieder ist sie die stille Kraft, mit welcher ein Mensch sein Schicksal von innen her überwindet .. Geduld kann also durchaus eine Tugend der Größe sein — vielleicht jene, mit welcher der große Mensch sich der Wirklichkeit bemächtigt.

So hat es einen guten Sinn, wenn wir nach der Geduld Dessen fragen, der groß einfachhin ist. Und wenn auch die Gedanken zuerst etwas abseitig erscheinen mögen, so werden sie schließlich doch in eine anbetungswürdige und tröstliche Wahrheit einmünden.

II

Gottes Geduld offenbart sich in seiner Beziehung zur Welt und zum Menschen. In Ihm selbst ist sie weder notwendig noch möglich, denn Er ist ja seines unendlichen Daseins sicher und selig, aber sie beginnt schon an den Wurzeln der Schöpfung.

Die Dinge bestehen so, daß sie beginnen, sich herauszubilden, zu ihrer Klarheit gelangen und wieder zerfallen. Dieses Werden geht oft durch lange, manchmal durch unabsehlich lange Zeiten hin. Was uns die Wissenschaft über die Werdezeiten des Weltgefüges sagt, ist nicht mehr vorzustellen. Von dieser Unmeßbarkeit eingeschlossen, verschwindend gegen sie und doch größer, als wir uns vergegenwärtigen können, vollzieht sich der Werdegang unserer Erde. Spät in dessen Verlauf, für uns aber unerdenklich früh, beginnt unser menschliches Dasein und wächst zu unserer Stunde her. Warum ist das so? Warum ruht das Wirklichsein auf dem Werden? Warum braucht die Verwirklichung so lange Zeiten? Warum ist nicht alles zugleich und auf einmal da? Die Frage scheint vielleicht töricht, ist es aber nicht. Wir Menschen der Neuzeit empfinden das Werden als selbstverständlich und schön; noch das Mittelalter, wahrlich groß, fühlte ganz anders, und das Altertum ebenfalls. Damals hätte man gesagt, wirklich würdig sei jenes Dasein, das mit seiner vollen Wirklichkeit einsetze . . Gott hat es nicht so gewollt — ist es aber nicht schon »Geduld«, daß er die Welt werdend gewollt hat, durch unabsehlich lange Zeiten hin?

Das Dasein besteht in der Vielheit. Eigenschaften, Werte, Gestalten sind verteilt. Was Eines ist, kann das Andere nicht sein. Die stille Lebendigkeit des Baumes, die machtvolle Dauer des Lebens in seiner ruhigen Gestalt bedeutet zugleich Verzicht auf das freie Dahingehen im Raum, Gebundenheit und Wehrlosigkeit. Damit der Tag mit seinem Lichte kommen könne, muß das sternenfunkelnde Geheimnis der Nacht weichen. Der Tag ist nicht besser als die Nacht; sie können nur nicht zusammen sein. Wenn der Mensch in seine Jugend eintreten soll, muß er seine Kindheit verlassen. Beide sind kostbar, keine ersetzt die andere — warum muß er sich von dieser lösen, um in jene einzutreten? Warum muß ich, wenn etwas richtig getan werden soll, ein Anderes, das ich ebenfalls zu tun vermöchte, ungetan lassen? Warum bedeutet die Treue gegen den einen Menschen immer irgendwie Verschlossenheit gegen den andern? Warum kann nicht alles in Einem sein? . . Auch diese Frage ist nicht so töricht, wie es vielleicht scheint. Es gibt im Menschen ein tiefes Verlangen nach der Einbegreifung der Vielheit in der Einfachheit. Der heilige Benedikt hat in einem Lichtstrahl die Fülle der Welt geschaut, und eine ganze Philosophie hat aus dem Streben nach dem alleinbegreifenden und ganz einfachen Sein gelebt . . Gott hat die Welt in der Besonderung gewollt. Er hat zwischen jedes und jedes die Entscheidung und den Verzicht gesetzt. Muß da nicht in seiner Schöpfergesinnung etwas sein, das wir wohl mit dem Wort »Geduld« bezeichnen dürfen?

Die Welt ist wohl unabsehbar groß, aber nicht unendlich. Wir kommen in ihr an keinen Schluß, aber sie ist an jeder

Stelle begrenzt. Es gibt nicht unendlich viele Urgestalten der Dinge oder des Lebendigen, sondern bestimmte; nicht unendlich viele Motive des Verhaltens, sondern gezählte, sogar nur wenige. Warum das? Und warum nur diese? Warum ist die einzelne Bestimmung jeweils so und nicht anders? Ist es — um bei uns Menschen zu bleiben — nicht seltsam, daß unserem Dasein ein sehr eng bemessener Bereich zugewiesen ist, der einen kleinen Ausschnitt aus den Möglichkeiten des Weltalls bildet? Daß zum Beispiel unser Körper nicht wesentlich über gewisse Maße hinausgehen und nicht unter anderen zurückbleiben kann, oder daß unsere Sinne nur bestimmte Licht- und Klangstärken aufzufassen vermögen? . . So ist es in allem. Die Welt ist nicht unendlich groß, sondern umschrieben und bestimmt. Daran hängt ihr Charakter; warum kann aber »Charakter« nur so bestehen?

Sie ist auch nicht die einzig mögliche; andere, nicht zu sagen, wie viele und welcher Art, könnten sein. Auch nicht die vollkommenste der möglichen; das zu behaupten wäre kindlich. Warum gerade aber diese, so beschaffene? Gott hat sie gewollt und nur sie — wie kommt es, daß Er ihrer nicht müde wird? Die Frage ist sehr alt. Man hat sie mit dem Gedanken beantwortet, unsere Welt sei nur ein Glied in einer unendlichen Reihe. Die schöpferische Urmacht vermöge sich in einer einzigen Welt nicht zu erfüllen; so folge immer eine der anderen, jede nur ein Schritt, über den es weitergehe. Dem widerspricht die Offenbarung aufs entschiedenste. Es gibt nur eine Welt, diese. Sie trägt das Siegel des Willens Gottes. Er hat sie nicht als Notwendigkeit, sondern als Tatsache; nicht als Unendlichkeit, sondern als überall begrenzte Gestalt gewollt — zugleich aber auch als Ort der ins Ewige gehenden Heilsentscheidung des Menschen, ja als Raum seiner eigenen Menschwerdung und seines Erlöserschicksals. Hier kann von vielen Welten keine Rede sein. Eine Welt, in der Gott nach dem reinen und redlichen Sinn des Wortes Mensch geworden, ist notwendig die einzige . . Was bedeutet das aber, wenn Gott ihrer nicht überdrüssig wird? Es bedeutet Geduld in den Wurzeln des Schaffens. In den Göttervorstellungen der Menschheit gibt es auch die eines Schöpfers ohne Geduld: den indischen Gott Shiva. Der baut eine Welt auf und freut sich ihrer;

dann wird er ihrer überdrüssig, die Lust der Zerstörung erwacht in ihm, er fängt an zu tanzen und tanzt sie in Scherben; darauf bildet er eine neue. Das ist ein Schöpfer, wie der Mensch ihn nach dem Bilde seines eigenen, unsteten Wesens denkt. Nein, Gott ist nicht wie dieser.

Der Glaube sagt, die Welt finde im Menschen ihren letzten Sinn und kehre durch ihn zu Gott zurück. Das ist keine Anmaßung; der Gedanke ist dem Menschen ebensoviel auferlegt wie gestattet, denn er bedeutet ebensosehr Verantwortung wie Größe. »Welt« meint zunächst das, was es einfachhin gibt. Die ist aber nicht die letzte und auch nicht die eigentliche. Welt höheren Sinnes entsteht, wenn der Geist dem Seienden begegnet: es empfindet, erkennt, beurteilt, sich vor ihm entscheidet, an ihm handelt und schafft. Auch diese Welt ist aber noch nicht die endgültige. Das ist erst jene, die entsteht, wenn Gott sein Geschöpf anruft, und aus Gnade und Freiheit, in Glaube und Liebe der neue Mensch heranwächst, wohnend auf der »neuen Erde« und unter dem »neuen Himmel«. Sie hat Gott gemeint, als Er schuf.

Ihr Werden setzt also den Menschen voraus. Nun sagt uns aber die Wissenschaft, bevor dieser erschien, seien Zeiten des Werdens vorausgegangen, die unsere Vorstellungskraft übersteigen. Warum dauert es so lange, bis das Eigentliche kommt? Wenn Dasein sich schon in der Länge des Werdens entwickeln soll — warum dann nicht so, daß am Anfang ein Erstes steht, das den Sinn in sich hat und ihn entfaltet? Wieder wird eine Geduld deutlich, die alles trägt.

Wir leben, und das Lebendige ist unser eigentlicher Bereich. Vom Leblosen wissen wir im Grunde nichts; empfinden es vielmehr als geheimnisvolle, lockende und zugleich gefährdende Angrenzung. In welcher Weise verwirklicht sich dieses Leben? Nicht, wie das Tote, in scharfer Notwendigkeit, auf dem kürzesten Wege, nach dem genauen Verhältnis der Zwecke und erforderlichen Mittel, sondern ganz anders — nicht leicht zu sagen, wie. Nehmen wir nur das Verhältnis zur Zeit. Leben »braucht Zeit«, und zwar in einem ganz besonderen Sinn. Nicht etwa nur dem äußeren

Maße nach mehr. Die Zeit, in der ein Bergkristall wächst, ist ohne Vergleich länger als die, in welcher sich ein Tier entwickelt; und neben der Werdezeit eines Sternes kommt die alles Lebens zusammen nicht in Betracht. Trotzdem braucht das Lebendige »mehr« Zeit als das Leblose. Ja es hat ein ganz anderes Verhältnis zu ihr. Es muß Zeit »verlieren« können. Es darf nicht vom Maß der Zeit bedrängt werden. Es muß spielen, sich unnütz benehmen, Umwege machen können. Umweg und Aufenthalt sind in seinem Werden ebenso wichtig wie Näherkommen und Vorangehen; und das Tun des Überflüssigen ebenso notwendig wie die Hinordnung auf den Zweck.

Wer die Vollzugsformen des Leblosen als Maßstab nimmt, empfindet das Benehmen des Lebendigen geradezu als unvernünftig. Von der Maschine her gesehen, scheint es ihm unzuverlässig und verschwenderisch. Er fühlt den Drang, Ordnung hineinzubringen; Zeit und Kraft, Stoffe und Formen zu sparen. Er versucht das Leben zweckmäßig zu gestalten — meistens mit der Wirkung, daß dessen Bestes verkümmert, falls es nicht ganz zugrunde geht. Er hat dem Leben nicht seine Wesensart gelassen. Er hat keine Geduld mit ihm gehabt . . Haben wir nicht schon einmal als Kinder Samen bekommen, damit wir sie einsäen sollten; sind dann Stunde um Stunde hingelaufen, ob sich noch nichts zeige; haben schließlich die Erde aufgegraben und nachgesehen und erlebt, daß überhaupt nichts aufging? Haben wir nicht schon an den Knospen einer Pflanze gedrückt oder sie aufgemacht, damit es mit dem Blühen schneller gehen sollte, und waren unglücklich, als alles verdarb? Wir wußten nicht, wie man mit dem Leben umgehen muß. Wir hatten keine Geduld.

Daß Gott irdisches Leben gewollt hat, ist eine Offenbarung seiner Geduld, denn nur durch sie kann es gedeihen. Er sieht, wie das Leben spielt und sich ergeht, wie es verweilt und Umwege macht, Stoffe und Kräfte und Formen verschwendet. Er sieht den seltsamen Widerspruch des Lebens zu dem, was Nützlichkeit und vernünftige Ordnung heißt, und daß gerade darin sein Köstlichstes besteht. Er sieht die holden Zufälligkeiten, die schönen Torheiten des Lebens und läßt ihnen Raum. Geduldig ist

Gott, und selig muß Er sein in seiner Geduld! Wenn sie nicht überall waltete, in der Erde, in der Luft, im Licht, in den Stoffen und Kräften — keine Pflanze würde blühen, kein Tier sein Wesen treiben, und kein Mensch hätte eine frohe Stunde.

Gottes Liebe will nicht in kurzer Zeit haben, was nur in langer verwirklicht werden kann. Sie erlaubt das Spiel, freut sich am Blühen und Verschwenden, hat Raum für das Überflüssige und scheinbar Törichte. Sie läßt der Ungewißheit, dem Zögern, der Unentschlossenheit Zeit. Sie fährt nicht dazwischen, wenn das Lebendige hängen bleibt und sich verknäult, sondern wartet, bis es wieder frei wird und Richtung findet. Es ist schön zu denken, wie Gott sein muß, da Er doch das Lebendige so geschaffen hat, wie es ist, und das Dasein so gebildet, daß es darin bestehen kann. Was sich von daher in Ihm zeigt — das ist seine Geduld.

Und wie ist es denn mit dem, was nicht gerät, dem Unvollkommenen und Mißglückten? Was würden wir tun, wenn wir ein Reich der Gestalten aufgebaut, ein großes Werden in Gang gebracht hätten und sähen, wie hier ein Ding mißrät, dort eins nur halb in Ordnung ist, jenes dritte an falscher Stelle steht? Dazwischenfahren, ausreißen, ausrotten, nicht wahr? Wir würden den Wert übersehen, der auch im Unvollkommenen liegt; den Funken von Sinn, den noch das Mißratene in sich trägt — und vergessen, wie wichtig es für das Vortreffliche ist. Haben wir uns schon einmal Gedanken darüber gemacht, wie etwa eine Familie sein würde, in welcher Vater und Mutter gesund und tüchtig wären; die Kinder begabt und wohlerzogen, das Haus praktisch, sauber und geschmackvoll, und nichts im Umkreis, was Armut, Krankheit, Untätigkeit heißt? Nicht zum Aushalten wäre es in ihr, und höchst wahrscheinlich würden die Dinge am Ende einen bösen Weg gehen. Wehe dem Gesunden, für den das Kranke etwas ist, das kein Recht hat, zu sein — der es ausrotten will, statt ihm zu helfen, oder, wenn er nicht helfen kann, es zu tragen! Er wird an seiner eigenen Gesundheit krank werden. Wehe dem Starken, der nicht weiß, daß seine eigene Stärke durch die Rücksicht auf das

Schwache behütet bleibt, großmütig und frei wird. Er wird an seiner eigenen unbehüteten Kraft zugrunde gehen.

Das alles heißt aber, daß Leben ohne Geduld nicht möglich ist. Sie erträgt das Unvollkommene, mäßigt sich vor dem Fehlerhaften, schont das Mißratene und umgibt es mit jener geheimnisvollen Sorge, die nicht nur Barmherzigkeit, sondern auch ein Gefühl verborgener Solidarität vor dem Schicksal ist. Damit führt der Mensch aber nur etwas fort, was Gott schon an den Wurzeln des Daseins tut. Der dieses Dasein geschaffen, hat die Geduld zur Bedingung des menschlichen Bestehens gemacht.

Gott ist heilig. Er will, daß das Gute geschehe. Er verurteilt das Böse, Er haßt es — und Er ist allmächtig. Warum verhindert Er es nicht? Warum hat das Gute es so schwer? Warum läßt Gott den Anschein zu, das Böse sei das eigentlich Starke?

Das Gute kann sich nicht so verwirklichen, wie ein Kristall entsteht, oder eine Pflanze wächst; es muß gewollt werden. Gewollt werden wiederum nicht so, wie ein Tier nach seiner Beute jagt, sondern geistig, aus der Freiheit. Sollte also das Gute verwirklicht werden, dann mußte Gott den Menschen frei schaffen. Wirklich frei, ehrlich und redlich; was aber zugleich die Möglichkeit bedeutete, daß er das Gute nicht wolle und das Böse tue. Dafür mußte Gott Raum geben. Er muß es mit ansehen, daß das Böse scheinbar die Herrschaft bekommt.

Wie Gottes Geduld wächst! Sie, die zuerst die Bejahung des Endlichen und seiner Art des Seins bedeutete, dann zur Ehrfurcht vor dem Leben wurde, erscheint nun als Achtung vor der Freiheit . . Gott hat die Welt nicht wie ein innerlich Gleichgültiger hingestellt, der, sachlich gesinnt, in Kauf nimmt, was sich aus ihrem Wesen ergibt, sondern Er ist an der Welt beteiligt. Die ganze Offenbarung redet davon, daß Gott seine Schöpfung liebt; daß Er will, es solle recht mit ihr stehen. Sie ist seine Freude und seine Ehre — oder sagt nicht die Schrift, Er selbst habe, nachdem sie erschaffen war, bestätigt und besiegelt, daß sie »gut« sei und »sehr gut« (Gen 1, 31)? Hat Er sich da nicht mit seiner Schöpferehre für sie verbürgt? Und trotzdem läßt Er der Freiheit den Raum, den sie braucht, um Freiheit zu sein, damit aber die Möglichkeit, sein Werk zu verderben!

Sogar die Möglichkeit, sich gegen Ihn selbst zu wenden. Der Mensch kann von Gott abirren. Gott läßt ihm seine Freiheit. Der Mensch kann Gott leugnen; Ihn wissenschaftlich oder philosophisch oder ethisch abzuschaffen suchen; sich wider Ihn empören, Ihn lästern. Seinen heiligen Namen verunehren. Gott läßt ihn. Es ist ein Traum bedrängter Frömmigkeit, der Blitzstrahl möchte auf den Lästerer niederfahren und Gottes Ehre im Strafgericht aufleuchten. Das mag einmal geschehen sein, vielleicht, wir zweifeln daran. In der Regel geschieht es jedenfalls nicht, denn über unserem Dasein liegt das Geheimnis von Gottes Schweigen. Das Gewitter würde über unseren Häuptern nie aufhören, wenn Gott jede Empörung gegen Ihn strafen wollte. Er läßt ihr ihren Weg. Die Strafe vollzieht sich furchtbarer. Sie liegt in eben dem, was die Empörung tut. Sie besteht in der furchtbaren Zerstörung, die der Empörer an sich selbst bewirkt; die jetzt noch verhüllt bleibt, einst aber sich offenbaren wird. Dieses Schweigen ist Gottes Geduld.

Ja, es ist ihr sogar das Unausdenkliche geschehen, daß Gott in die Welt eintrat, der Schöpfer in das von Ihm Geschaffene, der Herr in sein Eigentum: daß Gott Mensch wurde. Nicht bloß einen Menschen erfüllte und durchwirkte, sondern selbst Mensch wurde, so, daß Dieser da Gott war; wenn Dieser »Ich« sagte, Gott es war, der es sagte, und alles, was Diesen traf, Gott selbst zum Schicksal wurde. Das geschah in Jesus Christus. Er war der Wahrheit voll; »das lebendige Licht, das jeden Menschen erleuchtet, der in dieser Welt geboren wird« (Joh 1, 9). Er war voll Liebe; voll aller helfenden, heilenden, beseligenden Mächte. Die unendliche Möglichkeit öffnete sich; alles hätte sich wenden, und das offene Reich Gottes kommen können. Und wie sind die Menschen Ihm begegnet? Sie haben sich Ihm verschlossen; sie sind gegen Ihn angegangen; sie haben getan, was an ihnen lag, um Ihn zu entehren und zu vernichten. Er aber hat ausgeharrt, in einer Geduld, die alles Faßbare übersteigt. Wie groß die war, ahnen wir, wenn wir etwa jene Stelle lesen, wo sich sogar die Seinen bei allem guten Willen so verschlossen zeigen, daß er ausbricht: »Merkt und versteht ihr denn immer noch nichts? Ist euer Herz noch verstockt? Habt ihr denn Augen und sehet nicht, Ohren und höret nicht und bedenkt nicht ... Versteht ihr noch nicht?« (Mk 8, 17-21) Hier, wo Er fast »die Geduld verliert«, fühlen wir das Ungeheuerliche dieser schweigenden Geduld. Welche Selbstbescheidung des Allmächtigen in die Grenzen des Erlösers, der alles hat, es aber nur in einer Weise geben darf, welche dem Menschen seine Freiheit nicht antastet. Die Freiheit des Menschen, die Er selbst geschaffen, ist die Grenze, die Ihm entgegensteht, und Er achtet sie bis in den Tod .. Aus welcher Tiefe kommt die Warnung an die Jünger, welche in ihrer Empörung Feuer und Schwefel über das ungastliche Samariterdorf herabrufen wollen: »Ihr wißt nicht, wes Geistes ihr seid!« Eigentlich ist ihr Ausbruch doch großartig und hochgesinnt — Er aber läßt sie fühlen, wie ganz anderswo der Ursprung seiner eigenen Gesinnung liegt (Lk 9, 55).

Die Geduld Christi, die Geduld des Vaters, der seinen Sohn in dieser Einschränkung sieht und gegen den Jupiter mit seinen Blitzen ein Narr ist — wer ermißt sie? Kehren wir aber noch einmal zum Anfang zurück. Lebt nicht alles Seiende einfachhin aus Gottes Geduld?

Gott ist der Allseiende und Allmächtige, der Vollkommne und Ewige — die Welt aber ist endlich, begrenzt, unvollkommen und vergänglich. Wie kann Gott sie überhaupt wollen? Wie kann Er eine solche Welt schaffen — und, nachdem Er sie geschaffen, ertragen? Machen wir uns die Antwort nicht leicht. Lassen wir die Frage zu. Fühlen wir die gefährliche Tiefe in ihr; das bedrohende Dunkel, das sie um unser Dasein zieht .. Haben wir nicht schon einmal an einem Tisch gesessen, und vor uns lief ein Mückchen herum, und wir wurden ungeduldig und schlugen darauf? Die kleine Unruhe da reizte uns. Wenn Gott uns gegenüber so empfände? Der Welt gegenüber, die vor ihm doch nur ein herumhuschendes Mückchen ist? Es ist nicht töricht, so zu fragen. Nicht im geringsten. Gott ist kein idyllischer, kein gutartig-freundlicher Gott, sondern

Jener, vor dem alle Schrecken der Welt harmlos sind. Was ist in Ihm, daß Er uns erträgt? Und gar nicht erst unser Böses, unsere Empörung, unseren Ungehorsam — nein, einfach unser kleines, so sonderbar vor Ihm sein Wesen treibendes Dasein? Warum wischt Er uns nicht weg? Fühlen wir Gottes Geduld? Das Mächtige, Tiefe, Ruhevolle, Tragende, Umfangende, das sich da erhebt und waltet? So groß wie Gott selber? Erkennen wir die Selbstoffenbarung Gottes, die darin liegt, daß Er die wesenhafte Geduld selbst ist? Und daß wir nur in ihr Gewähr des Daseins, Bergung und Sicherheit haben?

III

Noch ist aber die Frage nach Gottes Geduld nicht ganz, ja nicht einmal richtig gestellt worden. Es ist so geschehen, wie man etwa nach dem Wesen des Organismus oder den Gesetzen des Weltalls fragt. Das genügt aber nicht. Die Frage darf nicht lauten: Was ist die Geduld Gottes »mit den Menschen«, sondern mit mir. Sie muß im Ernst der Beteiligung gestellt werden, im Gegenüber des Gesprächs und der Verantwortung: »Deine Geduld, Herr, mit mir.«

Er hat die Möglichkeit, daß ich sein könne, durch den unabsehlichen Gang der Welt bis her zu mir vorbereitet. Er hat gewollt, daß die Welt in mir ihren Sinn empfange, so, wie sie ihn in keinem Anderen empfangen kann. Er hat die Kräfte und Motive, aus denen der Ansatz meines Daseins sich aufbaute, in der langen Reihe der Geschlechter vor mir vorbereitet. Er hat mich aus dem Leben der Eltern werden lassen und ist meinem Leben in wachsamer Liebe gefolgt. Er hat meine Torheiten ertragen. Er hat mir Freiheit für Gut und Böse gegeben. Mit seinem stillen Blick, seinem unbeirrbaren Urteil und seiner göttlichen Ehrfurcht vor der Freiheit hat Er gesehen, wie ich fehlte. Er hat meine Vorsätze gehört; die unzähligen, immer wieder gebrochenen und erneuerten und abermals verlassenen. Er hat gesehen, wie ich meine Zeit, meine Fähigkeit des Liebens, meine Kräfte des Handelns an unzählige Dinge gewendet habe, ruhelos und unstet in allem, beharrlich nur darin, den wirklich wichtigen auszuweichen .. Und so geht es fort, und jeder, der diese Gedanken denkt, tut gut, sie ins Allerpersönlichste fortzusetzen.

Das alles hat seine Geduld gesehen und getragen. Was antwortet unser Herz? Doch wie soll es anders antworten, als mit der tiefen Sorge, diese Geduld möge sich nicht erschöpfen? Einmal kann auch sie sich erschöpfen — nicht weil sie schwach würde, sondern weil es vor Gottes Wahrheit genug ist. Herr, laß es nicht dahin kommen! Im Evangelium steht die trostvolle Geschichte von Petrus, der Jesus fragt: »Herr, wie oft soll ich meinem Bruder verzeihen? Bis zu siebenmal?« Und der Herr antwortet: »Ich sage dir: nicht bis zu siebenmal, sondern bis zu siebenzigmal siebenmal!« (Mt 18, 21-22) Wenn Er uns in der Ungeduld der Vergänglichkeit Lebenden zumutet, den siebzigmal siebenmal uns aufreizenden Fehler zu verzeihen, und uns also auch zutraut, daß wir es können — muß dann Er, der Herr der Geduld, nicht unendlich mal siebenmal zu verzeihen fähig und willens sein? Die Geduld Gottes antwortet auf unsere Schwäche und ist die Rechtfertigung aller Zuversicht!

Aus Gottes Geduld bestehen wir. Daß Endliches überhaupt sein könne, ist ihr Werk. Wie groß erhebt sich Sein Wesen aus der Unscheinbarkeit dieser Kraft! Sie ist auch die Kraft, durch die wir unser Dasein zu ertragen vermögen.

Was macht denn all die Not, die aus unserem Schicksal kommt, Entbehrung und Krankheit, Mißverstehen und Feindschaft, verhaßte und vergebliche Arbeit, Unglück und Verlust — was macht das alles so schwer? Daß es ist, obwohl es nicht sein muß. Verstand und Erfahrung sagen uns zwar, das Leben sei nun, und die Dinge gingen nun einmal so; wir sehen es auch, daß sie so sind und so gehen, wahrhaftig, ob wir wollen oder nicht; aber wir sehen nicht ein, daß sie so sein und gehen müssen. Unser Herz protestiert dagegen, und so töricht der Protest scheinen mag, er hat recht. Die Fragen, die mit unserem Wesen selbst gegeben sind: Warum mir das geschehe .. warum ich so sei .. warum ich überhaupt sein müsse, bekommen keine Antwort, denn sie bilden im Grunde die Frage nach dem

Sinn des Endlichen überhaupt. Warum, wenn eine bestimmte Ursache wirkt, daraus eine bestimmte Folge entsteht, sehe ich ein; nicht aber, warum gerade ich unter diese Ursache geraten mußte. Warum mir so geringe Mittel zubeschieden sind, daß ich nicht bekommen kann, wonach ich Verlangen trage; warum ich diese Krankheitsanlage, diese Unzulänglichkeit in meiner Begabung, diese Unfähigkeit des Herzens habe, werde ich nie einsehen. Hier ist der Punkt, wo nur eines weiterführt, die Geduld, denn sie bedeutet zutiefst die Annahme dessen, was ist.

Ungeduld ist der Protest gegen die Tatsachen — und von der Welt her gibt es im Letzten keinen Grund, warum er nicht erhoben werden sollte. Warum sollte ich ihrer uneinsehbaren Ungerechtigkeit nicht abzuhelfen suchen, indem ich nehme, was mir versagt, und mich dem entziehe, was mir auferlegt worden ist? Die Antwort kommt nur über Gott und lautet nicht: Weil Er es so bestimmt hat — das würde nur eine noch viel heftigere Auflehnung hervorrufen — sondern: weil Er selbst sich hineinbeschieden hat. In dem, was dir zugemutet wird, setzt sich eine geheimnisvolle Zumutung fort, die Gott sich selbst auferlegt.

Die größte Not kommt mir nicht aus dem, was mir geschieht, sondern aus dem, was ich bin — und sie wird immer größer, je länger das Leben weitergeht. In der Kindheit ist sie noch verborgen, in der Jugend wird sie durch die Hoffnung des jungen Lebens überschwungen, und später gibt das Gefühl werdender Reife die Zuversicht, die Dinge gingen voran. Dann aber beginnt die Unzulänglichkeit deutlich zu werden. Die Erinnerung an die gefaßten und nicht vollbrachten Entschlüsse setzt sich fest. Das Kümmerliche und Häßliche im eigenen Wesen dringt ins Bewußtsein. Die Tatsache, daß ich dieser bin, nur dieser und nie ein Anderer sein kann, richtet sich unausweichlich auf. Das Gefühl, in mir selbst eingeschlossen zu sein, verläßt mich nicht mehr. Unter aller Energie des Auftretens und Unternehmens, in allen Zerstreuungen des Tages, melden sich die Angst, der Überdruß und die Skepsis . . Das ist die wahre Not. Wenn man sehen könnte, was hinter den Mienen der Autorität und Sachkenntnis, Lebensklugheit und Weltüberlegenheit, hinter dem Unternehmungssinn und der Tatkraft, der Schönheit und Eleganz wurmt und nagt! Wie soll der Mensch diese Not ertragen können? Aber er erträgt sie ja auch nicht; denn was sind die Vergnügungen anders, als eine Flucht vor der Tatsache, der zu sein, der er ist? Was all die Künste des Schmucks und der Verkleidung, des Spiels und der Maske anderes, als Listen, um aus sich selbst hinauszuschlüpfen? Was die Weisen der Eitelkeit, Titel und Aufwand anderes, als Versuche, im Schein zu werden, was man nicht in Wahrheit sein kann?

Und die Vergänglichkeit .. Daß Tag um Tag verrinnt; daß immer schon wieder der Sonnabend da ist; daß der Frühling abblüht, noch bevor man seiner recht inne werden konnte; die frohen Stunden schon am Anfang nach dem schmecken, was auf sie folgt; die Werke im Sich-Vollenden sagen: »Weißt du noch? geradeso wie beim letzten Mal«; daß die Gesichter um einen her altern, und die eigene Zeit abstirbt .. Aus welcher Tiefe des Menschenherzens redet Walther von der Vogelweide, wenn er spricht:

»O weh, wohin geschwunden sind all meine Jahr!
Hab ich mein Leben geträumet, oder ist es wahr?
Was ich wertvoll wähnte, hatte das Gewicht?
Bis jetzt hab' ich geschlafen, und ich weiß es nicht.
Nun bin ich wach geworden, und mir ist unbekannt,
was mir dereinst bekannt war wie meine andre Hand.
Leute und Land, die meine Kindheit einst erzogen,
sind mir fremd geworden, als wären sie gelogen.
Die meine Gespielen waren, sind nun träge und alt.
Verheeret ist das Feld, verwildert ist der Wald,
allein das Wasser fließet, wie es einstens floß.
Fürwahr, mir deucht, mein Unglück ist worden allzu groß.
Mich grüßet mancher träge, der mich einst kannte wohl.
Die Welt ist allenthalben der Ungnaden voll.
Wenn ich gedenke an manchen wonniglichen Tag,
die mir nun sind entfallen wie in das Meer ein Schlag —
immer mehr, o weh!«

Das innere Vergehen; das beständige Wegrinnen des eigenen Seins — wer hat nicht schon gedacht, das klare Ende müsse besser sein als dieses beständige Zu-Ende-gehen? Was hält ihn, nicht danach zu handeln und Schluß zu machen? Wenn dieses Erfahren einmal eine gewisse

Macht gewonnen hat, dann kommt kein Ideal mehr dagegen an, denn ein Ideal lebt aus der Wärme des Herzens, und die beginnt ja zu erkalten. Auch kein Sittengesetz, denn das muß vom inneren Leben durchblutet sein, und ebendas ist's, was müde wird. Nur Treue zu einem nicht nennbaren Letzten hält noch; ein Gefühl der Ehre, das nicht erlaubt, den Posten zu verlassen; ein Anstand, der weiß, das gehört sich nicht — dünne Fäden, karge Kräfte, die man, so scheint es, nicht allzu genau prüfen darf. In Wahrheit sind es die innersten Stränge dessen, wodurch das Sein sich im Sein behauptet, der Geduld; und sie werden stärker als alles, was lastet und nagt und zerstört, wenn sie in ihrem wahren Wesen erkannt werden: als das menschliche Abbild der unendlich-allmächtigen Macht, welche das Endliche erhält, der Geduld Gottes.

Das ist das Letzte und Innerste: das Einvernehmen des Geschöpfes mit dem Schöpfer in der Geduld mit dem endlichen Dasein. Geheimnisvolles Bündnis! Karge, harte Kraft, auf der doch alles ruht! Nichts Reiches, Blühendes, Schaffendes, Kühnes, das nicht von ihr getragen würde.

Zuweilen erscheint das Große in den einfachen Dingen klarer als in den reifen und hochentfalteten. Mir ist, als sei hier das Letzte, Ärmste, aus dem doch alles lebt. Wer seiner inne und mächtig wird, ist geborgen. Er kann nichts mehr verlieren, denn er hat alles schon verloren gegeben. Dieses liegt tiefer als alles sonst. Es ist die Mitte.

GOTTES WALTEN
UND DIE FREIHEIT DES MENSCHEN

Es gibt eine Gruppe von Fragen, die im christlichen Denken oft wiederkehren. Sie lauten etwa folgendermaßen: Wenn Gott alles weiß, dann kennt Er auch die Zukunft und weiß, was der Mensch tun wird — wie kann der Mensch dann noch frei sein? Wenn Gott alles wirkt, ist alles Geschehende sein Werk — wie kann es dann neben Ihm noch eine menschliche Eigenkraft geben? Gott ist gut, will das Gute, und sein Wille vermag alles — wie ist dann noch Böses möglich? Gibt es aber das Böse, und in so schrecklichem Maße, wie unsere Erfahrung es immer wieder feststellen muß — ist dann Gott wirklich allmächtig? Wenn Er es aber ist — wie ist Er dann am bösen Tun beteiligt? Kann Er selbst noch gut sein? Ist Er nicht in Wahrheit ein furchtbares Wesen? . . Diese Fragen sind schwer und bedrängend. Manche Zeiten der Geschichte — denken wir etwa an die der Reformation — haben sie sehr stark empfunden. Auch gewisse ernste, schwermütige innerlich verletzliche Naturen sind für sie besonders anfällig. Seelsorger und Ärzte wissen, welche Macht diese Fragen über die Menschen bekommen können; manchmal so große, daß sie daran erkranken, lebensunfähig werden, und es, falls überhaupt, dann nur mit viel Mühe gelingt, sie wieder in Ordnung zu bringen.

Wir wollen diesen Fragen nachgehen, soweit das auf dem beschränkten Raum dieses Versuchs möglich ist. Wenn es gelingt, eine Antwort auf sie zu finden, oder auch nur ihnen gegenüber Stand zu gewinnen, haben wir wirklich etwas gewonnen. Abgesehen davon leitet uns aber noch eine zweite Absicht. Wir wollen uns nicht nur über den Gegenstand des Problems selbst, sondern auch über den Charakter klarwerden, den überhaupt Probleme dieser

Art haben; nicht nur darüber, was gerade hier Wahrheit ist, sondern wie diese schwierigen, ja gefährlichen Fragen nach der Wahrheit angefaßt werden müssen, um zu einem guten Ergebnis zu führen.

Vor allem müssen wir eines tun: das Problemgewebe, um das es sich hier handelt, auf eine einfache Form bringen. Damit ist schon viel erreicht, denn — wir werden noch davon zu sprechen haben — sehr viel der Schwierigkeit von Fragen dieser Art geht aus der Verworrenheit, aus der Verflechtung der Gesichtspunkte, aus dem Ineinander von Gedanken und Gefühlen, Begriffen und inneren Beunruhigungen hervor. Drücken wir also das, worum es sich im Grunde hier handelt, durch folgende Frage aus: Wie kann es wirkliche menschliche Freiheit geben, wenn Gott allwissend und allmächtig ist?

Wir könnten nun die Frage in sich erörtern. Also etwa untersuchen, wie sich im Handeln des Menschen der Wille Gottes und sein eigener Wille zueinander verhalten; welchen Anteil jener und dieser an der Tat haben; wie sich, wenn man so sagen darf, die Verantwortung verteilt und so fort. Die Arbeit wäre sehr schwierig, und wenn auch manches Gute dabei herauskommen würde, hätte das Endergebnis doch nichts Ermutigendes. Sollte aber der Eindruck entstehen, es sei wirklich eine Lösung gefunden worden, und der Verstand sich befriedigt fühlen, dann wäre aller Anlaß zum Mißtrauen. In Wahrheit hat sich etwas verschoben. Entweder ist der menschliche Wille zurückgedrängt worden, und die Antwort läuft auf eine bloße Allwirksamkeit Gottes hinaus, welche die menschliche Freiheit aufhebt — oder diese bekommt ihr Recht; jedoch dadurch, daß ein freier Raum um sie ausgespart, der göttliche Wille eingeschränkt, das heißt aber, die Göttlichkeit dieses Willens aufgehoben wird. Wenn aber eine »Lösung« auftaucht, die wirklich alles zu berücksichtigen scheint, dann ist sie von der Art wie in dem bekannten Satz, Gott wirke nicht das Böse, sondern lasse es nur zu. Bei genauerer Prüfung merkt man, daß sie im Grunde überhaupt nichts sagt, sondern nur das Gefühl beruhigt. Die Frage selbst steht nach wie vor da und wartet auf Antwort.

So kommen wir also nicht weiter. Wenn wir nicht bloß unseren Verstand vergeuden wollen — noch dazu mit der Gefahr, in Zänkereien und Rechthabereien zu geraten, wie sie ja leider wirklich die Geschichte des christlichen Denkens durchziehen —, müssen wir anders ansetzen. Es wurde einmal die Preisaufgabe gestellt, Gleichungen bestimmten hohen Grades zu lösen. Die Antwort wurde durch einen genialen jungen Mathematiker so gegeben, daß er zeigte, warum sie nicht lösbar seien. Etwas Ähnliches muß hier geschehen. Sobald wir die Frage unmittelbar zu beantworten suchen, kommen wir nicht durch. Wir müssen suchen, wo die besondere Schwierigkeit wurzelt, um die es geht, und sehen, ob sie überhaupt lösbar ist. Tun wir das, so zeigt sich folgendes. Um die Frage zu lösen, müßten wir etwas leisten, das über unsere Möglichkeit geht. Um zu verstehen, wie der menschliche Wille zugleich mit dem göttlichen bestehen könne, müßten wir diese beiden »Größen« auf die gleiche Ebene oder denselben Nenner bringen; das geht aber nicht. So können wir die Frage — und ebenso andere ähnlicher Art — tatsächlich nicht beantworten. Die einzige redliche Antwort besteht darin, festzustellen, daß es so ist, und warum es so ist. Wo eine mehr zu leisten behauptet, ist entweder das Problem weggeschafft worden, oder die angebliche Lösung enthält noch die ganze Schwierigkeit versteckt, aber unbewältigt in sich. Unsere Frage gehört zu jenen, die sich auf die Existenz des Menschen vor Gott richten; auf die Weise, wie das Geschaffene als Geschaffenes besteht. Wir können sie nicht beantworten, weil unser Verstand das Verhältnis des selbstherrlich-allhaften Gottes und des geschaffenen, endlichen Menschen nicht zu denken vermag. Das anzuerkennen gehört zur Wahrheit des Daseins. Wir müssen die Unlösbarkeit auf uns nehmen, sie zu einem Bekenntnis der Demut und zu einer Form der Anbetung machen. Darin »löst« sie sich; nicht gedanklich, sondern in lebendigem Tun.

Wie aber, wenn jemand erwiderte, diese Unlösbarkeit bedeute eben Unsinn? Ein Glaube, der dem Menschen Derartiges zumute, gehe wider Vernunft und Ehre, und der Mensch habe das Recht, ja die Pflicht, sich davon loszumachen? Wenn er vielleicht noch weiter ginge und zu zeigen suchte, diesen uralten Fragestellungen liege irgendeiner jener Wurzel-Widersprüche des Lebens zugrunde, welche die Tiefenpsychologie herausgearbeitet hat? Dann hätte der Mensch nichts Dringlicheres zu tun, als sich von ihnen zu befreien. Er müßte erkennen, daß es letztlich Scheinfragen sind, und die Kraft, die er bisher an sie verschwendet hat, echten und fruchtbaren Aufgaben zuwenden. Die Behauptung ist sehr eindrucksvoll — um so mehr, als sie auf sehr bedenkliche Erscheinungen hinweisen kann, die sich gerade mit solchen Fragen verbinden, wie bestimmte Formen des Glaubensskrupels, heftige Arten der Unduldsamkeit und des Fanatismus, religiöse Schwermut und dergleichen mehr. Hat sie aber recht?

Gibt es nicht in unserem täglichen Leben Erscheinungen, die unsere Frage zwar nicht beantworten, uns aber doch erkennen lassen, daß ihr Rätsel nicht aus Unsinn kommt, vielmehr von einem echten Sinn getragen ist? Die gibt es, und wir wollen eine ins Auge fassen.

Wenn eine physikalische Kraft auf ein lebloses Ding wirkt, etwa der Druck des Hebels auf einen Stein, dann findet unmittelbare Nötigung statt. Der Hebeldruck wird den Stein genau so viel höherbringen, als seiner Kraft entspricht. Das geschieht notwendig so, immer und überall . . Wie ist das Verhältnis zwischen der Sonne und einem in der Erde liegenden Samenkorn? Wärme und Licht bewirken, daß es sich öffnet, nach unten die Wurzel, nach oben den Keimling entläßt, und im Lauf der Zeit aus ihm allmählich die Pflanze entsteht. Wärme und Licht wirken auf das Korn; tun sie aber in der gleichen Weise, wie der Hebeldruck auf den Stein wirkt? Offenbar nicht. Die Verschiedenheit kommt schon im Sprachgebrauch zum Ausdruck. Vom Werkzeug sagt er: »es hebt den Stein« — vom Licht: »es weckt den Samen«. Beim Samen ist also die Wirkung des Lichtes auf die Eigenkraft des Lebens bezogen. Sie macht, daß dessen Initiative sich rührt; der Prozeß des Wachstums aus dem lebendigen Zentrum heraus in Gang kommt. Was nun geschieht, ist an jeder Stelle vom Licht »bewirkt«; aber nicht einfachhin, in Form einer unmittelbaren Umsetzung, sondern durch die Eigenkraft des Lebens hindurch. Wie ist das Verhältnis zwischen Geist und Geist? Wenn ein Mensch einen anderen für seine

Ansicht gewinnen will, kann er das so machen, daß er ihn psychologisch beeinflußt, ihm droht oder Versprechungen macht, die Kraft der Sympathie spielen läßt, seine Eitelkeit weckt und durch alles das sein Urteil lenkt; daß er die Gründe des Zuhörenden nicht widerlegt, sondern sie ihm ausredet; daß er die eigene Ansicht beständig wiederholt, steigert, in Gefühl und Phantasie einprägt, so daß jener sich fügt und sie einfach übernimmt. Diese Wirksamkeit ähnelt der des Hebels auf den Stein; oder jener, die ein geschickter Gärtner auf seine Pflanzen ausübt. Es ist keine geistige, sondern eine psychische Einwirkung; Suggestion, seelischer Zwang. Die echte geistige Wirkung sieht ganz anders aus. Sie besteht darin, daß ein Mensch dem anderen die Wahrheit darlegt; so klar, so tief, so groß, so rein aus ihrem Sinn heraus, daß sie dem Hörenden innerlich aufgeht, und er sich in echter Überzeugung zu ihr stellt. Hier hat kein Zwang stattgefunden, sondern das Innerste des Geistes ist angerufen worden und entfaltet sich, indem er erkennt, aus sich selbst. Die Wahrheit ist das Leben des Geistes. Durch das Wort wird dessen innere Wahrheitsverwandtschaft angerührt, damit sie aus sich heraus zustimme. Die Begeisterung des Redenden und die Kraft seiner Überzeugung aber müssen derart durch Ehrfurcht und Verantwortungsbewußtsein gebändigt sein, daß sie den Hörenden nicht als unmittelbare Macht beeinflussen, sondern ihn zu seinem Eigenen wecken. Schon die Einwirkung des Lichtes auf das Samenkorn hat das Innerlich-Eigene gelöst; hier geschieht das noch mehr und anders: echte geistige Einwirkung ist überhaupt nur durch die Freiheit, über die sinnerfassende und schöpferische Mitte hin möglich .. Endlich ein letztes Beispiel. Die Liebe, die ein Mensch auf einen anderen richtet, ist eine große Kraft und beeinflußt ihn aufs tiefste. Es gibt aber verschiedene Weisen des Liebens. Die eine ist unmittelbar triebhafter Natur und sucht körperliche Befriedigung. Eine andere ist geistiger Art, besteht aber letztlich im Willen, den geliebten Menschen in Abhängigkeit zu bringen und zu beherrschen. Wer auf die Beziehungen der Menschen blickt, sieht, daß sie fast die Regel bildet. Sie ist im Grunde nichts als Selbstsucht, nur daß sie einen Umweg über den anderen nimmt. Sie macht unfrei, zwingt, unterjocht. Es gibt aber auch die echte Liebe, die im Anderen die Würde der Person sieht. Ihr entscheidender Charakter ist die Achtung. Auch sie wirkt, aber so, daß sie den geliebten Menschen zu seinem Eigenen ruft. Ihre Sorge geht darauf, daß er ein echtes Ich werde. Sie sucht ihn ja um seinetwillen; und ihr Geheimnis besteht darin, daß sie sich selbst um so tiefer erfüllt, je reiner der andere zum Eigenen erwacht. So besteht ihre Wirkung gerade darin, ihn zu seiner Freiheit zu rufen. Wenn er Rechenschaft darüber geben sollte, was ihm durch die Liebe geschehen sei, würde er wahrscheinlich sagen: »Ich verdanke ihr alles; aber so, daß ich durch sie überhaupt erst ich selbst geworden bin.« Wunderbares Paradox! Wahrhaft letztes Geheimnis des Lebens!

Was haben wir soeben getan? Wir sind von einer Form des Wirkens zur anderen weitergeschritten; von der jeweils tieferen zur höheren. Jedesmal hat sich etwas Entscheidendes verändert. Immer hat sich Einwirkung vollzogen. Sie ist sogar von Schritt zu Schritt stärker, wesenhafter, radikaler geworden. Denn was das Licht am Samenkorn tut, ist mehr, als was der Hebel am Stein; noch mehr der Einfluß des Geistes auf den anderen Geist; noch einmal mehr das Walten der Liebe im Leben der geliebten Person. Zugleich nahm aber der Einfluß den Charakter der Zurückhaltung an, und immer mehr, je weiter es ging. Immer stärker wurde der Appell an das Eigene im Gegenstande; immer deutlicher die Freiheit. Und nicht nur so, daß das Wirkende die Freiheit im Gegenstand seines Wirkens achtete, sondern die Art des Wirkens war gerade auf die Freiheit bezogen, ja bemüht, diese Freiheit zu wecken.

Findet diese Linie mit dem Menschen ihr Ende? Schon im Raum des Menschlichen selbst hat sie unabsehbar viele Stufen. Wie sehr unterscheidet sich unter diesem Gesichtspunkt die Verhaltungsweise des einen Menschen von der eines anderen. Wieviel Unterschiede in der Ehrfurcht, in der Großmut, in der Selbstlosigkeit, in der schöpferischen Kraft des Geistes, in der zeugenden Kraft der Liebe! Die Reihe ist unabsehlich lang, geht durch alles Geschaffene hindurch — sollte sie nicht über das Geschaffene hinausgehen? Für Gott selbst bedeutungsvoll sein? Und nicht etwa so, daß Gott in den Fortgang der Welt einbezogen wäre, sondern in jener Linie sich der Abglanz von etwas zeigte, das wesenhaft und eigentlich nur in Gott ist? Zeigt ihre Richtung nicht geradenwegs dorthin, wo jene Unlösbarkeit sitzt, die uns beschäftigte? Gott ist Macht schlechthin. Aber nicht wie die des Hebels, sondern lebendig; nicht wie die des Triebes, sondern geistig; nicht wie einfache Erkenntnis- oder Willensmacht, sondern personal. Und das in einem einzigartigen Sinne. Was immer »Ich« heißt und »Du« spricht, ist nur ein Abglanz von Gottes Personhaftigkeit. Von ihm sagt die Schrift, Er sei die Liebe. Nicht nur, Er sei liebend, was bedeuten würde, Er sei es in der Art, wie der Mensch, bloß mehr und besser; nicht nur, Er sei die Verkörperung, der Ursprung jener Macht, die überall da angetroffen wird, wo Wesen einander liebend zugewendet sind. Sie meint mehr als alles das. Sie meint, »die Liebe«, das sei Gott selbst, und was der Mensch tue, wenn er liebt, sei nur ein Abglanz von Ihm. Wenn man von »der Liebe« einfachhin rede, sei Er gemeint, ob der Redende es nun wisse oder nicht . . Wenn das so ist — und daß es so sei, bildet ja das Geheimnis des christlichen Glaubens —, muß dann nicht im Walten dieser Liebe der Charakter der Freiheit im höchsten Maße herauskommen? Nein, nicht nur im höchsten Maße, sondern überhaupt erst eigentlich, so daß die Erscheinungen, die wir in der Welt beobachtet haben, Hinweis und Vorbereitung auf etwas sind, was es wesenhaft nur im Verhältnis Gottes zu seinem Geschöpf gibt?

So muß es sein. Hier muß jenes Paradox der Liebe, von dem wir sprachen, seinen Ursprung und seine Heimat haben. Es lautet: Gottes Macht ist Liebe. Gottes Wille ist Liebe. Indem Gott seinen Liebeswillen auf den Menschen richtet, macht Er ihn gerade zu dem, was er von Wesen sein soll: zu einer freien Person. Je stärker Gottes Liebesmacht den Menschen durchwaltet, desto reiner wird dieser er-selbst. Je vollkommener das Tun eines Menschen aus der Liebe Gottes entspringt, desto reiner gehört es ihm zu eigen.

Diese Antwort ist groß und beglückend; wir dürfen sie aber nicht falsch einschätzen. Sie hat das Rätsel, um das wir uns bemühen, nicht aufgelöst. Sie hat uns nur ahnen lassen, daß jene Unlösbarkeit, von welcher die Rede war, kein Ausdruck von Unsinn ist, sondern durch ein Geheimnis tiefster Wirklichkeit und Wahrheit getragen wird.

Wahrheit muß sich auch im Leben beweisen. Wenn die Lehre, um die es sich handelt, wahr ist — was wirkt sie dann in unserem Leben?

Ein geistreiches Wort von G. K. Chesterton sagt: »Das eine unter all den geschaffenen Dingen, dem wir nicht frei ins Auge blicken können« — er meint die Sonne — »ist zugleich jenes, in dessen Licht wir alles sehen. Wie die Sonne zur Mittagszeit, so beleuchtet das Geheimnis [Gottes] im Schein der eigenen triumphierenden Unsichtbarkeit alles übrige. Auf sich selbst stehender Intellekt hingegen ist dem Mondlicht vergleichbar: es ist Helle ohne Wärme; sekundäres Licht, der Widerschein einer toten Welt.« (Orthodoxie, 1909, S. 28.) Das Dogma ist Geheimnis. Der Geist kann nicht hineinblicken und es durchdringen. Wenn er es aber bejaht und zum Ausgangspunkt nimmt, von dem aus er zur Welt kommt; wenn er es nun sozusagen im Rücken hat, so daß sein Licht auf die Dinge fällt, die er vor sich sieht, dann erscheinen sie richtig, und er kann sich unter ihnen recht bewegen. Wäre es durchschaubar, dann würde es nicht jene all-erhellende Klarheit haben, die nötig ist, um die Dinge richtig zu sehen. Die Welt sieht man nur richtig in einem Licht, das von über ihr herkommt; das aber kann für das menschliche Auge nicht anders als undurchdringbar sein. Auch in unserem Falle handelt es sich um ein Dogma, nämlich das der Gnade. Es sagt: Was immer der Mensch tut, tut er durch Gottes Kraft. Was er für die Ewigkeit vermag, vermag er durch Seine Hilfe. Alles ist also Gabe; alles aber auch eigenes Werk. Ja eigenes Werk gerade dadurch, daß es Gabe ist. Der Mensch ist Geschöpf. Wesen und Sein sind ihm gegeben. Er existiert, indem er sich beständig aus Gottes Hand empfängt. Existieren ist ein beständiges Sich-gegeben-werden. So kann er etwas Wesentliches nur tun, wenn er es ebenfalls in der Form des Empfangens tut, das heißt aber durch die Gnade. Indem Gott im Menschen wirkt, ermöglicht er diesem, selbst zu wirken und für das Gewirkte verantwortlich zu sein. Eigengehörigkeit und Verantwortung entstehen nicht dadurch, daß das Walten Gottes eingeschränkt würde, aus einem Widerspiel sozusagen zum göttlichen Willen, sondern gehen als Frucht aus ihm hervor .. So das Dogma über die Gnade. Was wirkt es im Leben des Menschen, der an es glaubt?

Fassen wir den Zusammenhang einmal umgekehrt an. Er ist geheimnishaft, geht über die Fassungskraft des Verstandes hinaus. Der Mensch kann versuchen, das Geheimnis wegzuschaffen, indem er eine der beiden im Gegensatz stehenden Aussagen zurückdrängt. Dann wird scheinbar alles klar. Er kann zum Beispiel — wie es tatsächlich durch die Verfechter der Allherrschaft Gottes, die sogenannten Prädestinatianer geschehen ist — erklären: Gott wirkt alles; der Mensch ist nur Werkzeug. Diese Aussage kann der Verstand fassen. Sobald der Mensch aber mit ihr im Leben Ernst macht, verliert er — gewisse besondere psychologische Veranlagungen, die sich gerade in dieser religiösen Situation wohlfühlen, ausgenommen — den Mut zur eigenen religiösen Tat. Er wird zum Fatalisten, zum Sklaven. Sein Sohn aber, jedenfalls sein Enkel wird eine solche Denkweise für unwürdig empfinden, sich gegen den verknechtenden Gott empören und nur noch auf seine Vernunft oder seine natürlichen Triebe verlassen .. Man kann die »Aufklärung« auch von der anderen Seite her vollziehen und — wie das die sogenannten Pelagianer und die anderen Verfechter der menschlichen Eigentätigkeit getan haben — erklären: Der Mensch ist Herr seiner selbst, wirkt rein aus eigenem Vermögen, und was er tut, ist ausschließlich sein Werk. Dieser Satz ist ebenfalls durchsichtig und handlich, nur von der anderen Seite her. Nun ist Gott zurückgedrängt, an den Rand des Daseins verwiesen; der Mensch hat freie Hand. Macht er aber damit Ernst, dann wird er sich überheben. Er wird die Mahnung zur Ehrfurcht und Maßhaltung vergessen. Er wird leichtfertig und selbstsüchtig werden. Er wird nicht mehr als Mensch, sondern als eine Art Gott zu existieren versuchen. Und — Rache dessen, was er verraten hat — das Geheimnis wird in seinem Leben dennoch durchdringen. Er wird zum Pantheisten werden, der im Menschen nur eine vorübergehende Gestalt des All-Göttlichen sieht; oder zum Biologisten, für den der Mensch nichts ist, als ein Organ oder eine Zelle oder ein Pulsschlag im All-Leben; oder zum Materialisten, für den der Mensch nur eine zufällige Gestaltung des allein wesentlichen Weltstoffs bedeutet — falls er nicht irgendeinem Aberglauben verfällt, und Dinge für wahr hält, deren der echt Glaubende sich schämen würde.

Nimmt aber der Mensch das Geheimnis an und trägt es lebendig in sich, dann vermag er jenes Schwerste, das darin besteht, in der Wahrheit zu existieren; den Weg auf dem schmalen Grat des Menschentums einzuhalten. Er verwirklicht jenes innere Maß, aus dem heraus der Mensch zuversichtlich handelt und doch alles als Geschenk nimmt; das Bewußtsein der Verantwortung hat, und doch aus der Gnade lebt. Es gewährleistet jene innerste Gesundheit, die wichtiger ist als die des Körpers oder des Gemütes: die Gesundheit des Geistes, des Herzens, des Seins.

Im Fortgang dieser Überlegungen hat sich wohl auch die Weise abgezeichnet, wie die Frage selbst angefaßt worden ist. Zuerst haben wir ihre Unbestimmtheit und Verwobenheit auf eine klare Form gebracht. Dann haben wir gesehen, wo das eigentliche Problem saß. Wir sind ihm nachgegangen und haben in Ehrlichkeit zugegeben, daß wir mit ihm an kein Ende kommen; haben gefragt, warum das so sei, und den Grund der Unlösbarkeit erkannt. Daraus kam die weitere Frage, ob diese Unlösbarkeit ein Anzeichen des Unsinns sei, oder aber auf einem letzten, wenn auch undurchdringlichen Sinn ruhe, und ein bestimmter Zusammenhang im Weltdasein hat uns einen Hinweis gegeben, dem wir entnehmen konnten, das zweite treffe zu. Endlich haben wir gleichsam die Rückprobe gemacht; gefragt, wie sich die Annahme dieses Unbegreiflichen im Leben auswirke, und gesehen, daß das Leben überhaupt erst von ihm her gemeistert werden kann.

Und noch ein Letztes. Es gibt Fragen verschiedener Art. Die einen sind dafür da, um gelöst zu werden. Wenn der Verstand sie richtig anfaßt und sich entsprechend anstrengt, sieht er, wie die Dinge stehen, und die Frage verschwindet. Andere aber sind dafür da, um gelebt zu werden. Man kann sie nicht »lösen«; und nicht deshalb, weil der eigene Verstand zu schwach oder die allgemeine Forschung zu wenig vorgeschritten wären, sondern weil sie an sich die Kraft des endlichen Geistes übersteigen. In ihnen offenbart sich die Verfassung unseres geschöpflichen Daseins, welche besagt, daß wir aus Gott und vor Gott sind, was wir sind. Diese Fragen kann man nur anerkennen, in sich aufnehmen, mit ihnen und in ihnen existieren.

So geht das Fragen und Antworten eine Weile gut. Von einem bestimmten Punkt ab verändert sich aber die Situation. Bis dahin haben die Fragen dem Leben Tiefgang, dem Charakter Ernst, dem Geiste Weite und Mächtigkeit gegeben — nun beginnen sie zu einer Last zu werden; hemmen, lähmen und bewirken, daß das Leben sich in sich selber verknäuelt. Was ist geschehen? In die reine Frage ist etwas anderes, Fremdes, eingedrungen. Die Frage an sich will Wahrheit. Nur Wahrheit, und Wahrheit um ihrer selbst willen; jede Wahrheit aber macht frei. Doch jetzt wird im Fragen ein Motiv anderer Art wirksam. Es bindet den Geist derart, daß er darüber das Tun versäumt. Daran wird deutlich, daß der Mensch nicht in echter Weise nach der Wahrheit gesucht, sondern etwas in ihm die Frage als Mittel gebraucht hat, um sich am Handeln vorbeizudrücken: die Trägheit, oder die Feigheit, oder die Unentschlossenheit, oder was sonst. Auch das Kranke im Menschen kann sich die Frage zunutze machen. Ärzte und Seelsorger wissen — wir sprachen schon davon —, daß Fragen dieser Art zum Werkzeug einer endlosen Selbstquälerei werden und dem Menschen die Ruhe des Gemütes, die Zuversicht des Handelns, die Freude am Leben, die innere Selbsteinigkeit des Daseins zerstören können. Vor allem die Schwermut ist es, welche diese Fragen zur Zerstörung benutzt. Auch der religiöse Skrupel tut es, der ja im Grunde eine Vorform oder Seitenform der Schwermut ist; ebenso Zwangsvorstellungen verschiedenster Art. Ja, die Erfahrungen der Heiligen belehren uns, daß der Versucher diese Fragen gebraucht, um das Gemüt des Menschen zu verstören, seinen Glauben unsicher zu machen, seinen guten Willen zu beirren und ihn so aus dem Gehorsam gegen Gott hinauszudrängen. Von einem bestimmten Punkte ab wird jene Frage zur Anfechtung. Und nicht nur sie, sondern jede, die den gleichen, tiefen, aus dem Geheimnis der Gott-Mensch-Beziehung kommenden und ans innerste

Leben gehenden Charakter hat, wie etwa die nach der Auserwählung, nach der Vergebung und Verwerfung, nach der Mitverantwortung für die Schuld der Anderen und so fort. Hier muß der Mensch klar sehen und wissen, was er zu tun hat. Eine Anfechtung bewältigt man nicht, indem man denkt und forscht, sondern indem man widersteht. Eine Anfechtung ist kein Problem, das gelöst sein will, sondern ein Feind, der überwunden werden muß. Man sieht das beim Anderen leichter, als bei sich selbst; aber auch bei sich muß man es sehen, wenn aus einem Problem etwas Bannendes und Zerstörendes wird. Das gehört zur Unterscheidungskraft des christlichen Gewissens. Ein Problem kann schwierig sein, beunruhigen, Anstrengung fordern, und um so mehr, je tiefer einer die Dinge sieht und je schärfer sein Wahrheitsgewissen ist. Das alles kann sehr mühselig sein, ist aber sauber und gut. Anders wird die Sache, wenn eine dunkle Unruhe hineinkommt; wenn das Herz sich bedrängt fühlt, ohne richtig sagen zu können, wodurch; wenn die gleiche Frage immerfort, wie in einem Zwang, eintönig und quälend wiederkehrt; wenn die Freude und der Mut des Daseins angegriffen werden. Dann ist es Zeit, zu widerstehen. Dann darf man nicht mehr denken — denn die Anfechtung benutzt ja gerade die Endlosigkeit des Denkens, um ins Sinnlose zu führen — sondern muß handeln. Einen Strich unter die Sache machen. Den Bann des Fragens brechen. Und zu erkennen suchen, was sich hinter der Frage verschanzt: eine List der Natur; etwas Krankes im Gemüte; eine innere Unwahrhaftigkeit oder Feigheit; der Wunsch nach einem Grund, um das Glauben aufzugeben, oder was immer. Wenn wir aufrichtig und bereit sind, sieht der Blick, was da ist. Sobald wir es aber sehen, verschwindet auch, wie ein Gespenst, das mit Namen gerufen worden ist, die falsche Frage.

DAS HERRENTUM CHRISTI

I

Das Neue Testament nennt Christus mit einem Namen, dessen geheimnisvolle Größe leicht durch den beständigen Gebrauch überdeckt wird: es nennt ihn »den Herrn«. Manchmal hat dieser Name keine besondere Bedeutung, so etwa, wenn der Aussätzige sich vor Jesus niederwirft und bittet: »Herr, wenn Du willst, kannst Du mich rein machen« (Mt 8, 2); oder wenn der Hauptmann Ihn um Hilfe für seinen kranken Burschen angeht und auf Jesu Antwort, Er wolle kommen und ihn heilen, erwidert: »Herr, ich bin nicht würdig, daß Du unter mein Dach trittst.« (Mt 8, 8) Hier drückt das Wort einfach Ehrfurcht aus. An anderen Stellen aber meint es mehr. So heißt es am Ende des Markus-Evangeliums: »Nachdem der Herr so zu ihnen gesprochen, ward Er in den Himmel aufgenommen und setzte sich nieder zur Rechten Gottes. Sie aber zogen aus und verkündeten überall die Botschaft, und der Herr wirkte mit ihnen und bekräftigte das Wort durch die Zeichen, die ihm folgten.« (16, 19-25) Ähnlich in der Rede des Diakons Stephanus vor dem Hohen Rat, wenn er am Ende beschwörend ruft, sie sollten erkennen, »daß ihn Gott zum Herrn und Christus gemacht habe — diesen Jesus, welchen (sie) gekreuzigt« (Apg 2, 36). Paulus sagt im Brief an die Römer: »Wenn du mit deinem Munde das Wort bekennst, daß Jesus der Herr ist, und in deinem Herzen glaubst, daß Ihn Gott auferweckt hat von den Toten, wirst du gerettet sein.« (10, 9) Im ersten Brief an die Korinther: »Wenn [die Herrscher dieser Welt Gottes Fügungen] erkannt hätten, würden sie den Herrn der Herrlichkeit nicht gekreuzigt haben.« (2, 8) Besonders mächtig ist die Stelle im ersten Brief an Timotheus: »Ich befehle dir vor Gott, der allem das Leben gibt, und vor Jesus Christus, der unter

Pontius Pilatus das gute Bekenntnis abgelegt, daß du das Gebot haltest ohne Flecken, ohne Tadel, bis zur Erscheinung dieses unseres Herrn Jesus Christus, die der selige, alleinige Herrscher zu seiner Zeit aufleuchten lassen wird — der König der Könige, der Herr der Herren, der allein Unsterblichkeit hat; der in einem Lichte wohnt, dem niemand nahen kann; den keiner der Menschen gesehen hat noch auch sehen kann. Ihm Ehre und ewige Herrschaft! Amen.« (6, 13-16) Sie leitet zu einem Gebrauch des Namens über, wie in der Apokalypse, dort, wo von der Erscheinung des Reiters auf dem weißen Roß gesprochen wird. Nachdem vom Reiter und dem ihm folgenden Heer die Rede gewesen ist, heißt es: »Und auf seinem Gewand und auf seiner Hüfte steht der Name geschrieben: ›König der Könige und Herr der Herren‹.« (19, 16)

Solcher Stellen ließen sich viele anführen. Immer wieder taucht der Name auf. In der einfachen Form »der Herr«, »der Herr Jesus«, »der Herr Christus«; oder zusammen mit Aussagen über seine Person und verbunden mit religiösen Haltungen, die über bloße Ehrfurcht nicht nur dem Grade, sondern der Art nach schlechthin hinausgehen.

Als die junge Gemeinde Jesus den Herrennamen gab, drückte sie damit aus, was ihr Glaube in Ihm sah. Der Name bildet die Antwort der ersten Christenheit auf Jesu Wesen und Werk. Viele der damals Lebenden waren Ihm persönlich begegnet, oder sie hatten doch von Ihm gehört und waren in irgendeiner Weise von den Ereignissen der letzten Tage berührt worden. Im neunten Kapitel der Apostelgeschichte berichtet Paulus von der großen Erfahrung, die sein ganzes Leben herumgeworfen und aus ihm den christlichen Apostel gemacht hatte: wie er von Jerusalem nach Damaskus gezogen war, um die dortigen Christen gefangenzunehmen, und ihn auf dem Wege plötzlich ein geheimnisvolles Licht traf; wie eine Stimme ihn aus dem Glanz anrief, er fragte: »Wer bist du, Herr?« und die Antwort vernahm: »Ich bin Jesus, den du verfolgst.« Der in solcher Herrlichkeit Erscheinende ergriff von ihm Besitz und machte ihn zu einem anderen Menschen. Jesus war nun bei ihm, waltete in ihm, erleuchtete ihn mit seinem

Licht, lenkte ihn mit seinem Willen, trug ihn mit seiner Kraft und befähigte ihn zu Leistungen, die über menschliche Möglichkeit hinauszugehen scheinen — siehe das elfte und zwölfte Kapitel seines zweiten Briefes an die Korinther. Was da erzählt wird, stand vielleicht nicht vereinzelt da. Vielleicht haben, was Paulus in solcher Größe und im Zusammenhang mit seiner Berufung zum Apostelamt erfuhr, nach ihrer Art auch andere erfahren. Jedenfalls haben sie das Zusammentreffen mit der heiligen Botschaft aus der Wirklichkeit des Auferstandenen in einer Art erlebt, von der unsere matt gewordene Christlichkeit nicht mehr viel weiß. Das Erlebnis des Apostels war der seherische Ausdruck von etwas, das in irgendeiner Form alle angerührt hatte; wenn er von dorther zu den Gläubigen sprach, wußten sie, was er meinte. Den Christus, der so die Menschen anrührte; der in Herrlichkeit von den Toten auferstanden und in der Macht des Geistes »wiedergekommen« war; der überall im Leben der Einzelnen wie der Gemeinden als Wahrheit und Bild, als Wirklichkeit und Macht waltete: den nannten sie »den Herrn«.

Der Name besagt aber noch mehr. In der soeben angeführten Stelle des ersten Timotheusbriefes meint der Name »Herr« zuerst Jesus Christus; dann, in der Steigerungsform, »Herr der Herren«, Gott, genauer den Vater. In der Geheimen Offenbarung aber ist es, wie wir gesehen haben, Jesus, der den Namen »Herr der Herren« trägt. Was das bedeutet, wird erst aus dem Alten Testament klar. Der Wesensname Gottes lautet da »Jahwe«, was soviel heißt wie: »Der Ich-bin.« Diesen Namen, der Gott allein zukommt, gibt die griechische Übersetzung mit »Kyrios«, das ist »Herr«, wieder. Ebendiesen Namen hat die erste Christenheit Jesus gegeben. Was das meint, ermessen wir erst, wenn wir den heiligen Schrecken kennen, den jene in der Strenge des Alten Testamentes erzogenen Menschen davor empfunden hätten, »die Ehre Gottes einem anderen zu geben«. Ihr religiöses Gewissen mußte schon von einer unausweichlichen Wahrheit überwältigt worden sein, bevor sie etwas derartiges taten. Der Christus, der beim Hören der Glaubensbotschaft an die Menschen herantrat, war in solcher Majestät unter ihnen gegenwärtig und mit solcher

Macht in ihnen wirksam, daß sie sein Wesen nur mit dem Gott vorbehaltenen Namen ausdrücken konnten und sagen: »Es ist der Herr.« (Joh 21, 7)

II

Die Forschung, welche unsere geschichtliche Kenntnis der Schrift mit so reichen Ergebnissen vermehrt und zugleich den Glauben an die Offenbarung so tief erschüttert hat, sieht diese Tatsache wohl, erklärt sie aber folgendermaßen: Der Jesus, der wirklich gelebt hat, war ein Mensch. Einzigartig groß und fromm, ein religiöses Genie von Weltrang, aber eben doch nur ein Mensch. Als Er starb — und einen so furchtbaren, alle Hoffnungen der Seinen zerstörenden Tod —, retteten diese sich vor der Verzweiflung durch eine jener inneren Umschaltungen, mit denen der Lebenswille des Menschen den Zusammenbruch der Wirklichkeit durch ein Übermaß von »Glauben« ausgleicht. Im »Ostererlebnis« wurde der gestorbene Jesus zum allzeit lebendigen Christus, der untergegangene menschliche Meister zum Gott umgeschaffen. Dieser Vorgang drückte sich im Namen »der Herr« aus. »Der Herr Christus« steht also zu Jesus von Nazareth so, wie die Verklärung schöpferischer religiöser Phantasie zur geschichtlichen Wirklichkeit.

Ist das wahr? Wir können dieser Frage, die im Grunde die Frage nach Christus überhaupt ist, hier nicht nachgehen; so schränken wir sie folgendermaßen ein: Entspricht der Name »Herr« nur dem Christus der Verklärung, wie Er den Gläubigen nach seinem Tode und seiner Himmelfahrt erschien, oder war schon in Jesus von Nazareth etwas, das ihm entsprach, aber erst durch das Ereignis der Auferstehung den Seinen überwältigend zu Bewußtsein kam?

Wie hat Jesus seine Botschaft verkündet? Daß es eine besondere Weise war, zeigt sich sofort, wenn wir sie etwa mit jener der Propheten vergleichen, die sich in den Worten ausdrückt: »Also spricht der Herr.« Darin offenbart sich sowohl die Autorität wie auch die Grenze der prophetischen Botschaft. Wenn ihr Träger sie verließe, würde er freveln und zugleich sich selbst als Prophet zunichte machen. Gott ist es, der redet; der Mensch gibt nur die Rede weiter. Hier, wo es sich um die heilige Wahrheit handelt, ist nur Gott Herr, der Prophet hingegen Diener und Bote. Scharf, erschrekkend fast, hebt sich davon die Art ab, wie Jesus spricht. Nicht: »also spricht der Herr«, sondern: »Ich sage euch.« In der Bergpredigt heißt es sogar: »Ihr habt gehört, es ist den Alten gesagt worden . . . Ich aber sage euch.« (Mt 5, 21) »Gesagt worden« — von wem? Von denen, die im Namen des Herrn sprachen. Ihrem Wort stellt Er sein »Ich aber sage euch« entgegen. Wenn seine Rede wenigstens lautete: »So spricht mein Vater«, oder: »so habe ich von meinem Vater vernommen«, würde sich in ihr zwar schon eine Vertrautheit ausdrücken, die anspruchsvoll genug wäre, sie wäre aber noch zu verstehen. Doch so lautet sie nicht, sondern: »Ich aber sage euch.« Von diesem Sagen erklärt Er am Schluß der Bergpredigt: »Wer immer nun diese meine Worte hört und danach handelt, wird einem klugen Manne gleichen, der sein Haus auf den Felsen gebaut . . . Und wer immer diese meine Worte hört und nicht danach handelt, wird einem törichten Manne gleichen, der sein Haus auf den Wüstensand gebaut hat.« (Mt 7, 24 26) Was Er aber damals sagte, muß schon gewaltig geklungen haben, denn sofort nachher heißt es: »Und es geschah, als Jesus diese Reden beendete, waren die Menschenscharen betroffen über seine Lehre; denn Er lehrte sie wie einer, der Macht hat, und nicht wie ihre Schriftgelehrten.« (Mt 7, 28-29) Wenn wir das alles hören, müssen wir gegenwärtig halten: Der da spricht, ist kein Mensch der Neuzeit, für welchen die religiösen Worte ihr Gewicht verloren haben, sondern Er steht im Raum des Alten Testaments, das vom Schauder vor dem Frevel an der Ehre Gottes erfüllt ist. Wenn der so spricht, und vor diesen Hörern, dann hat entweder sein Geist Not gelitten, oder aber er ist, was kein bloßer Mensch je sein kann. Dann drückt sich in seinen Worten ein Verhältnis zur Wahrheit aus, das es sonst nicht gibt. Dieses Verhältnis glauben wir nicht anders aussprechen zu können, als indem wir sagen: Der so redet, ist der Herr der Wahrheit.

Wir sind nicht ihre Herren; unser ganzer Adel besteht darin, ihr dienen und an ihr teilhaben zu können. Wo ein Mensch versucht, über sie Herr zu sein, tut er es, indem er sie zu seinen Zwecken mißbraucht, d. h., indem er lügt. Der hier spricht, steht zur Wahrheit anders — die Stelle im Johannesevangelium drückt es aus, wo Er sagt: »Ich bin die Wahrheit.« (14, 6) Das ist das Herrentum, das wir meinen: daß er die Wahrheit nicht findet, daß sie Ihm nicht übergeben noch aufgetragen wird, sondern daß Er sie ist.

Die Atmosphäre der Evangelien wird immer wieder von den »Zeichen und Wundern« durchbebt, die Jesus tut. Wie aber tut Er sie? .. Wie könnte einer ein Wunder tun oder zu tun versuchen? Vor allem so, wie der Prophet seine Botschaft spricht. Das Verkünden geschieht in der Form des »also spricht der Herr«; das Wirken müßte demnach in der des »also befiehlt der Herr« geschehen. Das wäre eine echte Form. Neben ihr gibt es auch die unechte der Magie. Da behauptet der Mensch, das Zauberwort gefunden zu haben, dem die Kräfte der Wirklichkeit gehorchen; den geheimen Schlüssel zum Schaltwerk der Welt. Endlich wäre noch eine Zwischenform denkbar: wenn ein religiös begabter Mensch den Weg der Konzentration geht, seine Kräfte reinigt, sammelt und steigert und nun mehr vermag als andere, wie das von östlichen Asketen, Yogins und anderen erzählt wird. Die erste Form wäre echte Begabung mit göttlicher Macht; die zweite ein unsauberes Spiel; die dritte eine religiöse Steigerung dessen, was der Geist des Menschen durch sich selbst vermag .. Wir brauchen nur einen Blick auf die Art zu werfen, wie Christus tatsächlich seine Wunder wirkt, um den Unterschied zu sehen. Daß Er weder ein Magier noch ein Yogin ist, braucht nicht betont zu werden. Er ist aber auch kein Prophet, der im Zusammenhang seiner Sendung die verliehene Macht braucht. Das Wunder kommt aus seinem Leben. Es ist ein Funke aus der Glut seines Wesens. Es geht mit einer Schlichtheit, Selbstverständlichkeit und Mühelosigkeit aus Ihm hervor, die ein ganz anderes Verhältnis zu den Dingen offenbaren, als wir es haben. Wieder ist es Johannes, der den Ausdruck findet, wenn er sagt: »Er kam in sein Eigentum.« (1, 11) Jesus ist Herr über die Dinge; von dem gleichen Punkt her, von dem aus Er der Herr der Wahrheit ist. Herr der Dinge, weil Herr der Wahrheit. Der gleiche Logos, in welchem alle Dinge ihren

Sinn haben, ist es auch, der den Dingen ihre Wirklichkeit gegeben hat (Joh 1, 1-11).

Ebenso einzigartig war auch Sein Verhältnis zum Gesetz. Wir sind von Paulus her gewohnt, am Gesetz vor allem das Enge und Drückende zu sehen. Es hatte aber auch andere Seiten; der Brief des Apostels Jakobus kann uns darüber belehren. Es war auch die große, weisheiterfüllte, von Gottes Liebe getragene Ordnung, welche die Glaubenden in Gottes Willen erzog und behütete; eine Vorschule zu jenem heiligen Einvernehmen, dessen letzten und eigentlichen Ausdruck dann das Vaterunser bildet. Jesus spricht über das Gesetz kein abschätzendes Wort; im Gegenteil: »Denket nicht, Ich sei gekommen, das Gesetz oder die Propheten aufzulösen; nicht aufzulösen bin Ich gekommen, sondern zu erfüllen. Denn wahrlich, Ich sage euch, ehe Himmel und Erde vergehen, soll auch nicht ein Punkt oder ein Häkchen vom Gesetze vergehen, bis alles erfüllt ist. Wer also eines von den geringsten dieser Gebote auflöst, und die Menschen so lehrt, wird der Geringste sein im Reich der Himmel.« (Mt 5, 17-19) Zugleich ist Er ihm gegenüber aber wieder ganz unabhängig. Wie seine Jünger am Sabbat durch die Felder gehen, hungrig sind und tun, was ihnen an jedem anderen Tag freigestanden hätte, nämlich Ähren abraufen und die Körner essen, werden sie von beobachtenden Pharisäern zur Rede gestellt. Da weist Jesus sie zurück und schließt mit den Worten: »Der Menschensohn ist Herr über den Sabbat.« (Mt 12, 8) Wenn aber über den Sabbat, dann über das ganze Gesetz, denn der Sabbat war dessen Angelpunkt. Und Herr nicht nur über das Gesetz, sondern auch über die Tatsache, die es trug, den Bund. Denn wie Er mit den Seinen das letzte Abendmahl feiert und das Geheimnis der Eucharistie stiftet, spricht Er bei der Weihung des Kelchs: »Dieser Becher ist der neue Bund, in meinem Blute, das für euch vergossen werden soll.« (Lk 22, 20) Damit erklärt Er den Bund, den Gott auf dem Sinai mit dem Volke geschlossen, für beendet und setzt an seine Stelle einen neuen: den in seinem eigenen Blute.

Hier ist wieder eine Haltung, für die es bis dahin keinen Maßstab gibt. Sie kann weder mit der eines Moses noch irgendeines der Propheten verglichen werden. Sie ist nicht nur kühner oder mächtiger, sondern im Wesen anders. Sie verbindet die tiefste Sinnverpflichtung mit vollkommener Souveränität: es ist Herrschaft.

So könnte noch auf anderes hingewiesen werden. Auf die Art etwa, wie Jesus gebietet, was der Mensch tun solle, um zum Heil zu gelangen — »ein neues Gebot gebe Ich euch, daß ihr einander liebet, so wie Ich euch geliebt habe, daß so auch ihr einander liebet« (Joh 13, 34); auf die Weise, wie Er die Eucharistie und die Sakramente einsetzt; auf die Stiftung der Kirche und so fort. Immer würden wir sehen, es geschieht in einer Haltung, die uns vor die Wahl stellt, entweder Geistesstörung und lästerliche Überheblichkeit, oder aber etwas Einzigartiges anzunehmen. Dieses Einzigartige ist Jesu Herrentum.

Und wie rein ist dieses Herrentum! Niemals sucht es die eigene Ehre. Kein Wort verrät eine Regung der Eitelkeit oder Ruhmsucht. Nie braucht Jesus seine Macht, um sein wahrlich schweres Leben zu erleichtern, oder drohende Gefahren abzuwenden; ja nicht einmal, um seiner Botschaft leichteren Eingang zu verschaffen. Sein Herrentum ist sich selbst mit einer Strenge verpflichtet, die nur langsam in den Blick kommt.

Sein ganzes Wesen drückt diesen Adel aus. Nie wird ein Hauch von Furcht an Ihm fühlbar, nie ein Ausweichen, nie eine falsche Klugheit. Ebensowenig aber ein Prunken oder Sich-zeigen, Gewaltsamkeit oder Lärm, Ungerechtigkeit oder Blindheit. Er ist ganz schlicht, mit sich selbst eins, ruhig und sicher. Er ist gütig und gerecht und will nichts, als den Willen des Vaters erfüllen. Er bedarf weder eines Helfers noch eines Halts und steht, erschreckend einsam, in sich allein. Nur Er ist wissend. Nur Er trägt die Verantwortung. Nur Er entscheidet und lebt, jedem Anderen unerreichbar, sein Erlöserschicksal. Niemanden kann Er neben sich haben — deshalb, weil er so wahrhaft der Herr ist.

Wie kann Er aber Herr sein, wenn der ganze Sinn seines Daseins darin liegt, als der Gesendete des Vaters dessen Willen zu tun? Dieses Herrentum hängt nicht am Befehl — ebensowenig wie dieser Gehorsam Dienstbarkeit bedeutet.

30.3.90

Er gehorcht nicht als Geschöpf, sondern als Sohn — ebenso wie der Vater nicht als Schöpfer, sondern als Vater befiehlt. Sein Gehorsam ist ein göttlicher Akt, und als solcher dem Befehl ebenbürtig. Er ist gehorchend Gott, wie der Vater es gebietend ist. Sein Gehorchen ist die Liebesantwort auf den Vaterwillen. Es ruht auf jenem »Sein zum Vater hin«, auf jenem »Liegen an des Vaters Brust«, von dem das Johannes-Evangelium spricht (1, 1-18). Ebendarin aber ist er der Herr. Das Herrentum Christi ist seine Göttlichkeit.

Daraus wird auch etwas anderes verständlich. In Christus nimmt das Herr-Sein einen Charakter an, der ihm an sich zu widersprechen scheint. Für uns heißt »Herr sein« eben herrschen; auf der Höhe stehen und vom Glanz der Ehre umgeben sein. Wenn aber ein Herr untergeht, tut er auch das großartig, nach den Maßstäben des Königs und Helden. Im Leben Jesu hingegen finden sich Machtlosigkeit, Armut, ja sogar Schmach — alles das, was seinen letzten Ausdruck im Kreuze hat. Er sagt von sich selbst: »Nehmet mein Joch auf euch und lernet von Mir, denn Ich bin sanftmütig und demütig von Herzen; so werdet ihr Erquickung finden für eure Seele.« (Mt 11, 29) Geht das zusammen, Herrentum und Demut? Aber so dürfen wir nicht fragen, denn dann bestimmen wir ja beide Größen nach unserer Art. In Christus wird uns ein neues Herrentum geoffenbart, das mit der Demut — nein, mit einer neuen Demut zusammengeht. Wir müssen noch mehr sagen. Hier erfahren wir überhaupt erst, was Demut ist: nicht die Tugend des Schwachen, sondern des Starken. Sie beginnt nicht im Menschen, sondern in Gott. Sie ist die Tugend Gottes — des gleichen Gottes, welcher »der Herr der Herren und der König der Könige ist«. Es ist die Tugend des Gottes, der sich zum Geschöpf neigt; ins Geschaffene kommt und sich in dessen Enge fügt. Warum? Um eines ebenfalls Neuen, Ungeheuren, nämlich um der Liebe willen. In dieser Liebe gehen dieses Herrentum und diese Demut zusammen.

x Ja. Und nur das!

⊙ Nicht, wenn wir das Herr-sein für uns nicht wollen. Jeder für sich. Als SELBSTHERR - sozusagen.

III

In Jesus Christus erfüllt und vollendet sich Gottes Selbstoffenbarung. Sie geschieht durch Jesu ganzes Dasein: durch das, was Er spricht, was Er tut, was Ihm geschieht, aber auch und vor allem durch das, was Er ist. In dem Herrentum Christi, von dem die Rede war, offenbart sich das Herrentum Gottes.

Gott ist Herr über die Welt. Wir müssen hier ganz klar sehen. Er ist nicht der Urgrund der Welt, die durch das All gehende Geheimnisströmung, die andere Seite der Wirklichkeit oder wie immer die Formeln lauten mögen, welche Gott mit der Welt zu einer Einheit des Seins und des Sinnes zusammenbinden. In einem solchen Verhältnis wäre Er nicht Herr der Welt, sondern von ihr abhängig. Die Welt hätte in Ihm ihre Tiefe; Gott aber in ihr seine Wirklichkeit. Nein, Er ist der Schöpfer der Welt, in dem klaren und ungeheuren Sinne, wie die Schrift — und nur sie im ganzen religiösen Menschheitsraum — das Wort versteht. Er hat sie geschaffen, ohne irgendeiner Voraussetzung zu bedürfen: aus wesenseigener Allmacht. Er hat sie geschaffen, ohne daß Ihn etwas nötigte, nicht einmal inneres Müssen: aus reiner Freiheit. Er wäre, und wäre Gott, auch wenn es die Welt nicht gäbe. In keiner Weise bedarf Er ihrer. Sie ist nur durch Ihn und vor Ihm; Er ist durch sich und in sich selbst. Es ist nicht leicht, das zu erkennen. Es scheint, die sich selbst überlassene religiöse Erfahrung gleitet fast unaufhaltbar in jene andere Vorstellung, wonach Gott die Geheimnistiefe des Daseins ist. Außerhalb des Offenbarungsbereiches scheint es die reine Vorstellung der Schöpferfreiheit Gottes nicht zu geben. So wird deutlich, wie »offenbarend«, Unzugängliches ins Offene stellend, der Gottesbegriff der Schrift ist. Er ist es schon in ihren ältesten Teilen und bleibt es durch ihre ganze Erstreckung hin. Es bedarf eines inneren Durchbruchs, um zur Größe dieser Gottesvorstellung zu gelangen, und einer beständigen Überwindung, um bei ihr auszuharren. Der Mensch muß frei werden, um an den Schöpfer der Welt glauben zu können. Dieser aber ist es selbst, der den Menschen durch seine Kraft dazu freimacht. So schließt sich ein Ring heiligen Anfangs.

Gott ist der Herr der Welt. Sie gehört Ihm. Sein Wille verwirklicht sich in ihr . . Ist das aber auch wahr? Macht sie den Eindruck, daß es so sei? Manchmal und in mancher Beziehung schon; dann aber wieder durchaus nicht. Oft, vielleicht muß man sagen, meistens scheint sie derart wirklichkeitsmächtig und sinnfest, daß sie auch ohne Gott bestehen kann. Es ist, als vollzögen ihre Vorgänge sich aus eigener Notwendigkeit und seien durch eigene Gesetze gesichert. Sie scheint sich in sich selbst zu erfüllen. Sie scheint viel wirklicher zu sein als Gott. Erde und Meer und Gestirne, die Jahreszeiten und der Wandel des Lebens, Hunger und Trieb, Geburt und Tod — alles das scheint stärker als Gott. Kann davor noch der Begriff eines Weltherrentums bestehen? Diese Frage wird für den Glauben zu einer Prüfung, aber auch zu einer Rechtfertigung. Wenn er begriffen hat, wer Gott ist, sieht er, daß dessen Herr-Sein gerade vor der Wirklichkeits- und Sinnmacht der Welt zur eigentlichen Größe steigt. Nach einer indischen Vorstellung ist die Welt »Maya«, ein Spiel von Bildern und Vorstellungen im Bewußtsein der Gottheit. Nicht wirklich also; ohne Rundung des Seins noch Initiative des Wirkens; ein bloßes Schattenspiel. Der Gedanke scheint tiefsinnig, bis man sieht, daß er das eigentliche Geheimnis der Welt zerstört. Das besteht nämlich gerade darin, daß sie wirklich ist; durch Gott, aber tatsächlich wirklich. Eben darin zeigt sich auch die Größe seines Herrentums. Um ihr Herr zu sein, braucht Gott sie nicht in einem Scheinzustand zu halten. Er hat sie in echtes Sein gestellt und bewahrt sie darin; darin offenbart sich die Großmut und Gelassenheit seiner Macht. Er wäre ein Halb-Gott, ein Stümpergott, wenn Er, aus Furcht, die Welt könnte sich selbständig machen, das nicht wagte. So wirklich ist sie, daß der Anschein entstehen kann, Gott sei es nicht. Das unbotmäßige Menschenherz kann das Gefühl bekommen, Er sei nur ein Geheimnishauch, oder eine Idee. Solange die Zeit währt, ist die Wirklichkeit verschlossen, und die Welt hat den Charakter des bloßen Diesseits. Erst nach dem Ende wird »das Neue« eintreten, worin sich offenbart, daß sie nur in Gott besteht. Jetzt täuschen die Gewichte der Wirklichkeit; und vom Herrentum Gottes überzeugt zu sein, ist eine Tat der Glaubensüberwindung, die nur manchmal durch inneres Erfahren bestätigt wird. Dann sieht man genau, daß Er seiender und mächtiger ist als die Welt. Bald aber verschließt sich wieder alles, und es scheint, als sei sie das Ganze und sich selbst genug. Erst das Gericht wird die Gewichte richtig stellen.

Gott ist auch der Herr des Menschen und seines Gewissens. Im menschlichen Dasein gibt es vielerlei Gesetze: physikalische, biologische, psychologische und welche immer. Sie wirken mit Notwendigkeit, durch die Natur des Seins. Es gibt aber auch noch andere, ebenso unverbrüchlich wie jene, doch in anderer Weise bindend: die sittlichen. Daß ich die Wahrheit sagen soll, ist gültig und notwendig. Wenn ich daran zweifle, bedeutet das im Letzten kein Urteil über dieses Gesetz, sondern über mich selbst. Doch bindet es mich nicht wie die Gesetze der Natur, sondern wendet sich an meine Freiheit; Freiheit aber bedeutet, daß ich zu ihm Ja und Nein sagen kann. Das Sagen der Wahrheit im sittlichen Sinne kann überhaupt nur aus der Freiheit heraus erfüllt werden; das bedeutet aber auch die Möglichkeit der Weigerung. Der da fordert und bindet, ist letztlich Gott. Die Macht, die sich darin ausdrückt, ist sein sittliches Herrschertum. Er ist das Gute und will es, und indem Er das will, verpflichtet Er den geschaffenen Willen.

Wieder erhebt sich aber die Frage: Macht das Menschendasein den Eindruck, als sei es wirklich durch das Sittengesetz gebunden? Als herrsche Gott wirklich im Gewissen? Bei manchen Menschen wohl. Bei jedem Menschen in bestimmter Beziehung und zu bestimmten Zeiten. Im gesamten Dasein so, daß das Sittliche sich immer wieder meldet und trotz aller Vernachlässigung, Übertretung und Verleugnung nicht zerstört werden kann. Daß die Welt der Menschenhandlungen und -beziehungen wirklich und als Ganzes den Eindruck mache, vom Gutheitswillen Gottes regiert zu werden, wird niemand behaupten. Eben darin zeigt sich aber Gottes Herrentum. Wenn Er wollte, daß der Mensch das Gute tue, mußte Er ihn frei schaffen, denn die das Gute vollbringende Tat kann nur in Freiheit geschehen. Wenn aber in Freiheit, dann wirklich und redlich, das heißt so, daß sie auch verweigert werden kann. Da nun die Menschen keine getrennten Einzelwesen sind, sondern in einem

Gesamtzusammenhang der Gestalt, des Lebens und der wechselseitigen Abhängigkeit stehen, mußte das Böse, wenn es einmal begonnen hatte, zu einer Macht im Ganzen werden.

Daraus kommt der rätselhafte Eindruck der Ohnmacht Gottes: als wolle Er das Gute, könne es aber nicht durchsetzen. Daraus der Eindruck eines gleichsam von Gott entleerten Raumes, in dem der Mensch zu tun scheint, was ihm beliebt. In Wahrheit offenbart sich auch hier die Größe von Gottes Herrentum. Er hat Herr über Freie sein wollen, nicht über Knechte oder Werkzeuge; so hat Er auch angenommen, was sich daraus ergab. Und wieder richtet sich von selbst der Blick auf das Ereignis, in welchem sich Gottes Herrschaft durchsetzen wird: das Gericht. Es wird deutlich machen, daß der Mensch keine Sekunde der Herrschaft Gottes entgeht.

Gott ist der Herr der Geschichte. Er führt sie einem geheimnisvollen Ziel zu. Wo das liegt, ist wohl nicht zu sagen. Manche meinen, es sei die Höhe der Vollendung; andere, die letzte Tiefe des Niedergangs; wieder andere, der Augenblick, da alle Möglichkeiten zur Auswirkung gekommen sind. Nach der Offenbarung scheint die Geschichte so zu gehen, daß der Mensch der Entscheidung für und gegen Gott immer weniger ausweichen kann, um zuletzt vor die Gestalt des Antichrists zu gelangen.

Wieder entsteht aber die Frage: Ist Gott wirklich der Herr der Geschichte? Gehorcht sie seinem Willen? Macht sie den Eindruck, von Ihm gelenkt zu sein? Abermals müssen wir sagen: Kaum. Zuweilen fühlen wir darin das Walten Gottes; etwa in Erlebnissen der Rettung, oder der Strafe, oder der inneren Geborgenheit; im allgemeinen aber scheint sie aus sich selber zu laufen. Auch diese Tatsache hebt das Herrentum Gottes nicht auf, sondern offenbart nur dessen Eigenart. Wenn Er die Freiheit wollte, mußte Er auch ihre Folgen wollen. Immer wieder tritt im Fortgang des Lebens der geheimnisvolle Augenblick der Entscheidung ein, wo aus der Anfangskraft der Freiheit die Tat des Menschen hervorgeht: vor großen oder vor kleinen Dingen; voll verwirklicht im Bewußtsein der Verantwortung, oder flüchtig aufleuchtend und bald wieder überdeckt. Aus diesem Anfang heraus wird immer aufs neue das Dasein bestimmt; wie es da aber bestimmt wird, läuft es dann weiter. Wenn Gott verhinderte, daß die Folgen der Freiheit einträten, würde Er dieser ihren Ernst nehmen. So entsteht der Eindruck, als ob geschähe, was eben geschehen muß; als ob Gott der Folgerichtigkeit des Geschehens gegenüber ohnmächtig wäre und zu dem schwiege, was doch seinem Willen nach nicht geschehen darf. Das ist mit dem Zustand der Zeitlichkeit gegeben, worin die Formen der Verwirklichung Entscheidung und Folge sind. Er kann nicht anders sein, und so erfüllt sich in ihm die Absicht Gottes, die den Menschen frei gewollt hat. Dieser Charakter verschärft sich besonders da, wo dem Wehrlosen, Unschuldigen, Edlen Gewalt angetan wird, das Heilige und dem Heiligen Verbundene Verfolgung leidet. Dann ist es, als ob Gott seine eigene Sache im Stich ließe, und es ist schwer zu verstehen, wie Er dabei noch der Herr bleiben könne. Wie war es aber dort, wo die Wahrheit und Heiligkeit Gottes leibhaftig erschienen sind, in Christus? Wie ist denn das Schicksal Christi — das heißt aber, Gottes selber in seinem Gekommensein — gegangen? Seine letzten Worte »mein Gott, mein Gott, warum hast Du Mich verlassen?« sagen es. Und kann, wenn dem Gottessohn so geschah, dem Dasein, das durch Ihn begründet wurde, anders geschehen? Er hat die Seinen in feierlichster Stunde, am Abend vor seinem Tode, selbst darauf hingewiesen: »Der Knecht ist nicht mehr als sein Herr. Haben sie Mich verfolgt, so werden sie auch euch verfolgen; haben sie mein Wort gehalten, so werden sie auch das eure halten.« (Joh 15, 20)

Auch hier wird die Berufung an das Endgericht notwendig. Je genauer man das Leben kennenlernt, desto tiefer versteht man dessen Notwendigkeit. Keiner hat Veranlassung, sich auf das Gericht zu freuen, denn es ergeht auch über ihn; trotzdem ruft die innere Sehnsucht nach jenem »letzten aller Tage«, an dem Jeder sein Recht bekommt und die Herrschaft Gottes offenbar wird.

So wäre noch manches zu sagen; etwa, daß Gott der Herr der Herzen ist, weil Er allein sie zur letzten Liebe rufen und allein diese Liebe zu erfüllen vermag; daß Er der Herr der Gnade, der Vergebung, der Auserwählung und Heiligung ist . . Doch mag es beim Gesagten sein Bewenden haben. Das alles ist aber Gott nicht nur aus Macht, sondern aus Recht. Er ist nicht bloß tatsächlich der Herr, sondern würdig, es zu sein, wie es die Ältesten der Apokalypse Dem zurufen, der auf dem Throne sitzt: »Würdig bist Du, Herr, unser Gott, zu haben Preis und Ehre und Herrschaft. Denn Du hast alle Dinge geschaffen, und durch Deinen Willen waren sie und wurden geschaffen.« (4, 11) Würdig der Herrschaft aber ist Er, weil Er Der ist, der Er ist. Das führt zum Entscheidenden.

Gottes Herrentum hängt nicht daran, daß etwas sei, worüber er herrschen könne, sondern Er ist Herr in sich selbst. Es gibt Menschen, deren Herrschaft nur äußerlich ist. Sie besteht darin, daß Dinge da sind, die sie haben, und Menschen, denen sie befehlen können. Es gibt aber auch — freilich selten genug — Menschen, die noch in der Armut und Machtlosigkeit Herren sind, weil ihr Herrentum im Wesen liegt. Das gibt uns einen Hinweis: die Herrschaft Gottes über die Welt ist nur Folge und Widerschein eines Herrentums, welches Er nicht hat, sondern ist.

Das Buch Exodus berichtet, wie Moses in der Einsamkeit des Berges Horeb die Herden weidet und plötzlich den Dornbusch brennen sieht. Aus den Flammen redet Gott und sendet ihn, das Volk aus der Knechtschaft zu befreien: »Da sagte Moses zu Gott: ›Wenn ich nun aber zu den Israeliten komme und zu ihnen sage: Der Gott eurer Väter hat mich zu euch gesandt, und sie mich dann fragen: Wie heißt Er denn? — was soll ich ihnen da antworten?‹ Da sagte Gott zu Moses: ›Ich bin der Ich-bin.‹ Dann fuhr er fort: ›So sollst du zu den Israeliten sagen: Der Ich-bin hat mich zu euch gesandt.‹ « (3, 13-14) Hier geschieht Offenbarung. In einem wichtigen Augenblick wird der Name Gottes kundgetan. Er lautet »Jahwe«, »der Ich-bin«, und drückt die Unabhängigkeit Gottes mit einer Schärfe und Wesenhaftigkeit aus, die einem nur langsam aufgeht. In keinen, auch nicht den tiefsten religiösen Äußerungen der Menschheit sonst findet sich derartiges. Diesen Namen haben die griechischen Übersetzer des Alten Testamentes mit »*Kyrios*«, »der Herr«, wiedergegeben, und die Übersetzung ist wunderbar genau. Der Gottesname drückt die schlechthinnige Eigenständigkeit Gottes aus. Das innere Herrentum also, des Seins, von welchem das äußere, über die Welt, nur Folge und Abglanz ist. Gott ist schlechthin Herr, in sich und durch sich — deshalb, weil Er würdig ist, es zu sein.

Weil Gott Herr ist von Wesen, kann Er es auch in reiner Größe über die Dinge sein. Darum hat er die Herrengesinnung, welche die Welt nicht in der Knechtschaft bloßen Scheins hält, sondern sie in echte Wirklichkeit stellt. Darum hält Er den Menschen nicht in der Knechtschaft des Zwanges, sondern ruft ihn zur Freiheit und Verantwortung. Er tut es in Ernst und Redlichkeit, so nimmt er die Folgen an, die daraus kommen: die Möglichkeit des Bösen und einer Geschichte, wie sie werden muß, sobald einmal Böses geschieht. Das ist göttliche Herrengesinnung: großmütig, furchtlos und gelassen. Sie hat Geduld; läßt dem Geschehen Raum und der Freiheit Zeit. Sie kann warten.

IV

Noch ist aber das Letzte nicht zu Tage gekommen. Wir haben gesagt, daß Christus die Offenbarung Gottes ist. Wenn wir wissen wollen, wie Gott sei, müssen wir auf Ihn sehen: wie Christus gesinnt ist, was Er tut, wie es Ihm geht, so ist Gott . . Wenn wir aber damit Ernst machen, kommen seltsame Fragen. Die Schrift sagt, Gott sei der Herr in sich und über die Dinge — sie sagt aber auch, er sei Mensch geworden, habe sich in die Begrenztheit der geschaffenen Gestalt und des irdischen Schicksals gegeben. Was ist das für ein Herrentum? Entweder müssen wir aufhören zu denken, oder einen Schritt weitergehen, und sagen, hier zeige sich eine Haltung, die es sonst im echten Herrentum nicht gibt, und die wir nur mit dem Wort »Demut« bezeichnen können. Etwas Ungeheuerliches also, wahrhaftig. Die Forderung, das Geschöpf solle Gott gegenüber demütig sein, hat einen ohne weiteres verständlichen Sinn; was soll es aber heißen, wenn gesagt wird, Gott selbst sei demütig? Wir dürfen nicht ausweichen. Offenbarung bedeutet, daß uns kund wird, wovon wir von uns aus nichts wissen. So können wir nicht aus Eigenem darüber urteilen. Wir können es nur annehmen und von ihm aus weiterdenken. Ist in

Christus wirklich Gott Mensch geworden, dann ist Gott demütig. Der gleiche Gott aber ist Herr. Also enthält Gottes Herrentum die Demut; es gibt keinen Ausweg. Der Herr der Herren ist bereit, sich ins Endliche zu fügen und vor dem Endlichen zu beugen — siehe für viele andere das Wort des Lukasevangeliums: »und Er ging mit [Maria und Joseph] hinab, und kam nach Nazareth, und war ihnen untertan. Und seine Mutter bewahrte alle die Dinge in ihrem Herzen.« (2, 51) Und da wohl keiner, wissend, was er sagt, hier irgend etwas von Würdelosigkeit und Selbsterniedrigung vermuten wird, können wir nicht anders, als annehmen, daß wir vor dem Innersten der christlichen Offenbarung stehen. Gottes Herrentum ist demütig. Mehr, die Demut beginnt überhaupt in Gott. Sie ist ursprünglich nicht die Haltung des Schwachen gegen den Starken, sondern das unbegreifliche Sich-Neigen des Herrn schlechthin vor seinem Geschöpf — welches Sich-Neigen sein Herrentum nicht zerbricht, sondern voraussetzt und vollendet. Das mitzuvollziehen ist die Demut des Christen. Warum ist aber dieser »Herr der Herren« Mensch geworden? Was hat Ihn in sein irdisches Dasein geführt? Welches war das letzte Motiv seines Tuns und seines Schicksals? Er ist der Heilige, der Gerechte, der Richter. Vor ihm sind die Menschen sündig. So sollte man denken, Er habe nichts anderes tun können, als richten und verwerfen. Statt dessen wird Er Mensch und tritt so in die Gemeinschaft der Menschenschuld ein. Er nimmt die Sünde, die der Mensch nie hätte aufarbeiten können, zu eigen, lebt und leidet sie durch und schafft so den Raum für einen neuen Beginn. Was ist das? Liebe. Eine Liebe, die von der Welt her keinen Namen hat. Was die Religionsgeschichte an Erlösungen und Erlösungsgöttern enthält, hat damit nichts zu tun, sondern ist von der Art, wie wenn der Frühling vom Winter erlöst, und das Licht von der Dunkelheit, und die Geburt des Kindes vom Absinken des Alters. Der neue Frühling geht aber durch Sommer und Herbst in den nächsten Winter über; auf den Morgen des neuen Tages folgt wieder die Nacht, und auch das verheißungsvollste junge Leben ist dem Tode verfallen. Mit echter Erlösung hat das alles nichts zu tun. Der Gott hingegen, der sich in Christus kundtut, wahrhaft Herr, keiner Macht, nicht einmal dem eigenen

Drange, sich mitzuteilen, dienstbar: dieser tritt in die Gemeinschaft der Schuld ein und arbeitet sie lebend und leidend auf. Daß Gottes Herrentum — zusammen mit der Demut — diese Liebe enthält, gehört zum Tiefsten der christlichen Gottesbotschaft.

Wir tun wohl gut, uns einmal ganz in den Gedanken zu sammeln: daß Gott der Herr ist im letzten und vollkommensten Sinn, zugleich aber der Demütige und der Liebende. Ganz demütig und liebend, weil wirklich und in einer alle Maße übersteigenden Machtvollkommenheit Herr; frei von allem, was irgendwie mit Hochmut oder Gewalttätigkeit oder welcher Selbstsucht und Schwäche sonst zusammenhängen könnte. Aber so ist es noch nicht richtig gesagt. Nicht »wirklich Herr«, »ganz demütig und liebend«, wodurch noch der Anschein erweckt werden könnte, als wäre er das in Vollkommenheit, was wir in geringerem Maße sind. Dieses Herrentum, diese Demut und Liebe sind Gottes, nicht unser. Nur durch Offenbarung erfahren wir von ihnen — dadurch nämlich, wie Christus ist. Und wenn sie in unser Leben kommen, dann durch die Gnade, die uns »teilhaftig macht der göttlichen Natur«. (2 Petr 1, 4) Wenn wir das betrachten, und das Geheimnis uns berührt, wollen wir zu unserer Seele sagen: »Sieh, das ist dein Gott!«

DIE VORSEHUNG

Dieser Versuch faßt das Problem der Vorsehung nicht in seiner ganzen Breite, sondern nur unter einem bestimmten Gesichtspunkt ins Auge, nämlich als Frage, was Jesus in der Bergpredigt unter der Vorsehung verstanden hat. Damit fallen andere, ebenfalls wichtige Probleme aus der Erörterung heraus. Einmal, wie weit die Vorsehung sich schon aus dem Herrentum Gottes ergebe, sobald dessen Regierung sich nicht auf die Natur, sondern auf den Menschen richtet. Ferner die Frage nach der Vorsehung, soweit sie reine Gnade ist und vor allem Tun des Menschen aus der freien Liebe Gottes hervorgeht. Was uns hier beschäftigen soll, ist jene eigentümliche Beziehung, in welche das Wort Mt 6, 33 die Vorsehung zur gläubigen Gesinnung des Menschen bringt.

Abgesehen von dem Wunsch, zu sehen, was Jesus hier meint, hat unsere Überlegung eine weitere Absicht: zu zeigen, wie Offenbarung und irdische Wirksamkeit einander begegnen, sobald beide in ihrem vollen und reinen Sinn gesehen werden.

I

In Jesu Verkündigung ist eine Botschaft besonders bedeutungsvoll: die von der Vorsehung, mit welcher der Vater im Himmel das Leben der Menschen umfaßt. Der Herr spricht so eindringlich von ihr, daß man fühlt, wie sehr sie Ihm am Herzen liegt.

Das geschieht vor allem in der Bergpredigt, wo Er die Hörer mahnt, sich nicht um Speise und Kleid zu sorgen, sondern auf den Vater im Himmel zu vertrauen; wenn der die Vögel nähre und die Blumen kleide, werde es Ihm noch viel wichtiger sein, den Menschen, die nicht nur seine Geschöpfe, sondern seine Kinder sind, zu geben, wessen sie bedürfen (Mt 6, 25-33).

Die gleiche Botschaft verkündet Jesus, wie die Jünger sagen, Er solle sie beten lehren, und Er ihnen das Gebet schlechthin, das Vaterunser, übergibt (Lk 11, 1-4). Dessen Worte bringen die Lehre von der Vorsehung in lauterer Größe zum Ausdruck; und nicht nur durch ihre Gedanken, sondern auch durch die Innigkeit und Herzenszuversicht, welche das göttliche, so kurze und zugleich so unerschöpfbar tiefe Gebet erfüllt.

Die Lehre von der Vorsehung antwortet auf die Frage, wie der Mensch im Dasein stehe, woher ihm sein Schicksal komme, und wie er damit ins Einvernehmen gelangen könne. Um besser zu begreifen, was die Offenbarung sagt, wollen wir uns einige Antworten vor Augen bringen, denen man im geistigen Leben der Zeit begegnen kann.

Die eine stammt aus der Welt des Kindes.

Dieses lebt in der Familie; in dem kleinen lebensvollen Bezirk, worin es geboren und von der Sorge der Eltern umhütet ist. Wenn es mit dieser Familie richtig steht, dann gibt es in ihr eine trotz aller Schwierigkeiten im einzelnen unbezweifelte Autorität: die des Vaters und der Mutter. Diese bestimmen, was zu geschehen hat. Sie sorgen für die Bedürfnisse des Kindes. An sie wendet es sich mit seinen Anliegen und Nöten. Von ihnen wird es belehrt, was es tun soll, und zurechtgewiesen, wenn es fehlt. Nach dem Bilde dieses kleinen Daseins stellt es sich das große der Welt und der Menschen überhaupt vor. Auch da gibt es eine oberste Autorität, einen Vater von der Art, wie der zu Hause, nur sehr viel mächtiger, und das ist Gott. Er kennt alle Wesen, weiß um ihre Bedürfnisse und sorgt, daß sie haben, was sie brauchen. Er waltet auch über dem Kinde selbst. Er sieht, was es tut, hört seine Bitten und hilft ihm in allen seinen Nöten. Diese Vorstellung kann sich dann, im Maße der Mensch reifer wird, entwickeln. Sie wird geistiger, größer, reicher, behält aber immer den Charakter eines unmittelbaren optimistischen Vertrauens in die überall wirkende Weisheit und Güte des höchsten Wesens.

Eine solche Anschauung ist schön, je nachdem innig, mutig, ja großartig, hält aber dem wirklichen Leben nicht stand. Die Erfahrung zeigt denn auch, daß hier gern religiöse Erschütterungen einsetzen: etwa wenn sich der Mensch in irgendeiner Schwierigkeit an Gott wendet, überzeugt, er werde so erhört werden, wie er es für richtig empfindet, aber auf alle noch so dringlichen Bitten nichts erfolgt. Die Enttäuschung ruft dann leicht das Gefühl hervor, dort, wohin das Gebet sich gewendet hat, sei gar niemand, und die Lehre von Gott sei ein Kindermärchen. Oder wenn die Erfahrung der Härte, der Grausamkeit, ja der Zerstörungsmacht des Daseins eintritt, und der Eindruck entsteht, das Geschehen habe keinen gültigen Sinn, ja vielleicht überhaupt keinen.

Dieser Anschauung vom wohltätig geordneten Gang der Dinge steht eine andere gegenüber, die aus der Wissenschaft kommt.

Sie bemüht sich, aus der Vorstellung des Daseins alles Menschenmäßige abzustreifen. Für sie gibt es nur die Weltwirklichkeit mit ihren Gesetzen. Die Bewegung der Gestirne, das Wachstum der Pflanzen, das Leben der Tiere — alles geschieht, wie es geschehen muß. Jeder Vorgang hat seine Ursache, und jede Ursache bringt unweigerlich die ihr gemäße Wirkung hervor. Ebenso steht es mit dem Menschen. Er wird, wie er nach den körperlich-seelischen Eigenschaften seiner Eltern und Vorfahren werden muß, und entwickelt sich, wie die Umgebung es bedingt. Seine Triebe, Gefühle, Gedanken gehen den Gang, den ihnen die biologischen und psychologischen Gesetze vorschreiben. Wie er ist, so handelt er, und wie er handelt, so gestaltet sich sein Leben. Jede Tat, die er vollbringt, übt Wirkungen in der Geschichte aus, und diese werden ihrerseits wieder zu Ursachen. Daß alles so geschieht, wie es dem Wesen der Dinge nach geschehen muß, bildet die Gesetzlichkeit der Welt. Sie durch Erfahrung und Theorie zu erforschen, ist Wissenschaft; sie für das eigene Leben anzunehmen, ist Anstand und Tapferkeit des Lebens.

Der Mensch kann den Gedanken bis zu seiner letzten Härte durchdenken. Dann verzichtet er auf jeden dem Herzen fühlbaren Sinn, auf jedes Recht der Person und sucht sich zu behaupten, wie er kann, so, wie das die Skepsis in ihren verschiedenen Formen tut. Oder aber er ahnt in jener wissenschaftlich faßbaren Ordnung etwas Tieferes, verehrt es mit frommer Ehrfurcht und vertraut ihm, auch wo der Verstand sich unzuständig fühlt. Doch hat das mit Wissenschaft nichts mehr zu tun, sondern ist Sache persönlichen Erlebens, »Glaube« in jenem subjektiven Sinne, wie die Neuzeit ihn dem Worte gibt.

Diese Vorstellung ist anders als die vorhin erörterte. Was aber Jesus unter der Vorsehung versteht, hat mit ihr ebensowenig zu tun, wie jene. Seine Botschaft antwortet nicht auf die Frage des Verstandes, ob die Dinge eine natürliche Ordnung haben, sondern auf die des lebendigen Menschen, wer sich um ihn kümmere? Wo sein Persönliches gewährleistet werde und geborgen sei?

Eine dritte Weise, den Gang der Dinge zu denken, geht von dem eigentümlichen Gefühl aus, das sich oft in wagemutigen, Geschichte bestimmenden Menschen findet: sie würden von den Mächten des Daseins getragen.

Ein solcher ist überzeugt, er sei von einem geheimnisvollen Auftrag gesendet, von einer nie fehlenden Weisheit geführt und von einem besonderen Schutz behütet. Er spricht von seinem »Schicksal«, seinem »Stern«, seinem »Glück«. Auf ihre Gunst hin wagt er die schwersten Unternehmungen, und das Unwahrscheinlichste kann tatsächlich geraten. Freilich kann aber auch ein Umschlag im Benehmen der Dinge, oder ein Bruch in seinem eigenen Innern erfolgen, welche zur Katastrophe führen.

Diese Deutung geht an dem, was Jesus unter der Vorsehung versteht, ebenso vorbei, wie die beiden anderen. Seine Botschaft redet nicht vom großen Menschen, sondern vom glaubenden, ob er nun bedeutende Taten vollbringt oder ein unscheinbares Leben führt, ein schöpferisch Begabter ist oder einer, der einfach seine tägliche Pflicht tut.

II

Die Vorsehung, von welcher Jesus redet, kommt nicht aus der Welt, weder der Dinge noch des Geistes, sondern aus

Gott. Sie ist ein Werk seiner Gnade, und nur Er selbst kann mit Fug über sie sprechen. Wenn wir also erfahren wollen, was sie bedeutet, dürfen wir nicht von unserer persönlichen Meinung ausgehen, sondern müssen Gottes Wort befragen. Die entscheidenden Sätze stehen in der Bergpredigt und lauten[1]:

»Darum sage ich euch: Sorget euch nicht um euer Leben, was ihr essen, noch um euren Leib, womit ihr euch kleiden sollt. Ist nicht das Leben mehr als die Nahrung, und der Leib mehr als das Kleid? [Gott, der euch das Größere, nämlich Leib und Leben, gegeben hat, wird euch auch das Kleinere nicht versagen.] Sehet die Vögel des Himmels an: Sie säen nicht, sie ernten nicht, sie sammeln nicht in die Scheuern, sondern euer himmlischer Vater ernährt sie. Seid ihr nicht viel besser als sie? [Plagt euch also nicht mit Sorgen. Wenn ihr aber so töricht wäret und tätet es doch —] wer von euch könnte mit all seinem Sorgen der eigenen Lebenslänge auch nur eine Elle zusetzen? Und was sorgt ihr euch um die Kleidung? Seht auf die Anemonen des Feldes, wie sie wachsen: sie arbeiten nicht, sie spinnen nicht, doch ich sage euch, selbst Salomo in all seiner Herrlichkeit war nicht angetan wie eine von ihnen. Wenn aber Gott das Kraut des Feldes, das heute steht und morgen in den Ofen geworfen wird, also kleidet, wieviel mehr euch, ihr Kleingläubigen? So sollt ihr denn nicht sorgen und sagen: ›Was werden wir essen, was werden wir trinken, womit werden wir uns kleiden?‹ Um alles das quälen sich die Heiden. Euer himmlischer Vater weiß ja doch, daß ihr dies alles nötig habt. Trachtet zuerst nach seinem Reich und nach dessen Gerechtigkeit, so wird euch dieses alles hinzugegeben werden.« (Mt 6, 25-33)

Die Stelle ist uns wohl vertraut. Sie ist schön und innig und atmet eine tiefe Geborgenheit. Wenn wir aber so lesen, der Mensch solle sich nicht plagen, sondern die Blumen zum Vorbild nehmen, die draußen blühen, und die Vögel, die im Gezweig ihr Wesen treiben, denn der Vater im Himmel, der für diese sorge, werde es noch mehr für ihn tun — meldet sich da nicht das Gefühl, das Ganze sei doch

[1] Zusätze in eckiger Klammer vom Verfasser.

ein Märchen, das Märchen vom Schlaraffenland, wenn auch in einer frommen und edlen Form? Das ist es aber nur, wenn wir ungenau lesen, und mehr mit der Phantasie und dem Gefühl, als mit dem Ernst des Geistes. Dann übersehen wir nämlich den Satz, der den Schlüssel zum Ganzen bildet und im dreiunddreißigsten Vers steht: »Trachtet zuerst nach seinem Reich und dessen Gerechtigkeit, so wird euch dieses alles hinzugegeben werden.« Sobald wir ihn näher ins Auge fassen, sehen wir, daß er eine Bedingung enthält, die erfüllt werden muß, damit überhaupt Vorsehung zustande komme.

Er sagt: Was in den voraufgehenden Sätzen steht, gilt nicht einfachhin, als fertige Ordnung, für jeden Menschen und jede Situation, so etwa, wie das Gesetz der Schwerkraft für jeden Körper gilt, gleichgültig, ob es ein Stein ist oder ein Kunstwerk. Die Vorsehung ist vielmehr an die Bedingungen gebunden, daß der Mensch »vor allem trachte nach dem Reiche Gottes und dessen Gerechtigkeit«. Erfüllt er sie, dann ist in ihm etwas vor sich gegangen. Dann hat er eingesehen, was das eigentlich und für die Ewigkeit Wichtige ist, und es zu seinem Hauptanliegen gemacht. Dadurch ist er mit Gott in ein Einvernehmen getreten, denn die Verwirklichung des Reiches ist ja der große Gegenstand Seiner Weltenführung. Er sorgt sich für die Sache Gottes und ist damit in Gottes Sorge aufgenommen.

Sobald wir also die Vorsehung in ihrem eigentlichen Sinne nehmen, ist sie gar nicht durch sich selbst schon da, sondern ersteht immer erst, von Gott her, jeweils auf den Menschen hin, der in das heilige Einvernehmen der Sorge um das Reich eintritt. Geschieht das, dann ändert sich das Dasein dieses Menschen. Dann braucht er sich um Nahrung und Kleidung nicht mehr zu quälen »wie die Heiden« — das heißt, wie jene, die bloß die Welt kennen und sonst nichts, sondern ein heiliges Walten umgibt ihn, und die Dinge tragen sich ihm gleichsam zu.

III

Wir müssen aber sorgfältig sein, denn es handelt sich ja um etwas sehr Wichtiges. Ist das Gesagte trotz aller Schönheit des Gedankens nicht dennoch ein Märchen? Kann ein solches »Einvernehmen«, das ja doch eine Sache des Denkens und Wollens, des Meinens und Erlebens ist, den Gang der Geschehnisse so ändern, wie es durch die Worte der Bergpredigt ausgedrückt wird?

Oder findet sich irgendwo im Bereich unserer Erfahrung ein Hinweis, der uns weiterhilft? Ich glaube, ja. Wenn wir die Art, wie unser Menschenleben sich zuträgt, genauer ins Auge fassen, bemerken wir darin eine Erscheinung, welche die Möglichkeit der Vorsehung zwar nicht beweist — sie ist ja ein Werk der Gnade, und daß es sie gibt, erfahren wir nur aus der Offenbarung —, uns aber doch ahnen läßt, wie sie sich vollzieht.

Jeder Mensch lebt in dem großen Zusammenhang, den wir »die Welt« nennen. Diese umfaßt Alle und ist für Alle gleich. Die einzelnen Menschen sind aber nicht in die Welt hineingeschüttet, wie Figuren in eine Schachtel, sondern sind lebendig und schaffen sich ihren besonderen Lebensbereich. Aus den Dingen, Kräften und Vorgängen des Weltalls sondert der Einzelne sich Bestimmtes heraus.

Dafür hat er einen »Apparat«, der die Fülle des Wirklichen sichtet und ordnet. Er besteht vor allem aus der Organisation der Sinne. Die faßt nur bestimmte Erscheinungen auf; was sie nicht auffaßt, gibt es für den Menschen nicht: Töne, deren Schwingungszahlen über oder unter bestimmten Grenzen liegen, werden nicht vernommen; Wärme und Kälte sind nur innerhalb bestimmter Grenzen ertragbar. Der Apparat besteht weiter aus der besonderen Veranlagung des Volkes: der Norweger faßt andere Gegebenheiten der Natur auf als der Spanier . . aus der Beschaffenheit des Landes: das Leben auf der See bedingt eine andere Art der Empfänglichkeit als das im Hochgebirge . . aus dem Charakter der Zeit: ein Mensch der Völkerwanderung war auf anderes ausgerichtet als einer der Aufklärung . . Hinzu kommen die verschiedenen Richtungen, welche Aufmerksamkeit und Eindrucksbereitschaft beim männlichen bzw. weiblichen Menschen nehmen . . Innerhalb der Geschlechter wieder bei den einzelnen Altersstufen: der Kindheit, der Reife, der vollen Mündigkeit, dem Alter . . Ferner die Unterschiede der Auffassung, welche durch die verschiedenen Anlagen und Temperamente, durch soziale und berufliche Situation bedingt sind, und so fort. Durch alles das nimmt der schauende und erlebende Einzelne aus der Unzahl des Seienden eine charakteristische Auswahl vor. Er hebt Dinge, Geschehnisse, Menschen, Eigenschaften, Beziehungen heraus, die seiner Persönlichkeit zugeordnet sind, und es entsteht seine »Umwelt«.

Jeder Mensch hat seine besondere Umwelt — geht es in diesen Umwelten in gleicher Weise zu?

Nehmen wir an, hier sei ein Mensch, der kräftig und furchtlos, großmütig und voll ruhigen Zutrauens seinen Weg geht; dort einer, der selbstsüchtig und ängstlich zugleich ist und sich mit allerlei Schlauheiten durchlaviert — gleichen die Welten dieser beiden Menschen einander? Gehen die Dinge in jener so wie in dieser? Offenbar nicht. Sie haben verschiedenen sittlichen Charakter und verschiedene seelische Art; ja in jener sind Vorgänge möglich, die in dieser nie eintreten können. Es ist, als ob die Dinge sich verschieden benähmen. Dort ist alles frei, die Dinge fügen sich leicht, und noch das Mißgeschick hat etwas von Klarheit und Größe; hier ist alles undurchsichtig und widerspenstig. Oder: Um den Menschen, der Liebe hat und es mit allem gut meint, gedeiht das Lebendige. Die Blumen wachsen, die Tiere sind zutraulich, die Kinder fühlen sich wohl. Um den selbstsüchtigen und harten hingegen verschließt sich alles, panzert sich, flieht; kann es aber nicht fliehen, dann verkümmert und verdirbt es. Oder: Bei dem Menschen, der »eine glückliche Hand hat«, geht alles leicht, freundlich, fruchtbar. So ist er Optimist und versteht nicht, wie ein Anderer der Welt so viel Schlimmes zutrauen kann. Er weiß nicht, daß dieser mit seiner Veranlagung gleichsam die Widerstände gegen sich aufruft und die Schwierigkeiten weckt.

Das alles bedeutet, daß die Schicksale eines Menschen nur zu einem Teil von außen her bestimmt werden, zum anderen aber — und vielleicht wichtigeren — von innen, aus der Wesensart und Gesinnung eben des Menschen, um den es sich handelt. Immer hat die Weisheit gewußt, daß jeder »seines Glückes Schmied ist«; daß ihm nicht Beliebiges, sondern Bestimmtes geschieht, und die Bestimmung von seinem Innersten her erfolgt. So verändert sich denn auch das Schicksal eines Menschen, wenn er selbst ein anderer wird. Man braucht nur einmal mitzuerleben, was vor sich geht, wenn etwa ein selbstsüchtiger Mensch zu lieben anfängt.

Und nun sagt Jesus: Die eigentliche Veränderung, auf die alles ankommt, besteht darin, daß der Mensch die frohe Botschaft annimmt, Gottes Willen bejaht und für wichtig ansieht, was Ihm wichtig ist — das heißt aber, daß er »zuerst trachtet nach dem Reiche Gottes und dessen Gerechtigkeit«. Tut er so, dann entsteht zwischen Gott und dem Menschen ein lebendiger Zusammenhang, und die Dinge benehmen sich anders, als sie es bis dahin getan haben.

Das geschieht schon als Folge der inneren Umgestaltung im Denken und Fühlen. Der Mensch entschließt sich zum Guten. Er wird liebend und selbstlos. Die Furcht fällt von ihm ab, und er schlägt Wurzel im Vertrauen zu Gott. Er fühlt sich nicht mehr in einer fremden Welt, sondern im Eigentum seines Vaters. Um einen solchen verändert sich das Dasein. Es wird klarer und offener. Die Kräfte bekommen freieres Spiel. Der Gang des Geschehens wird natürlicher, und so fort.

Doch haben wir damit erst die psychologische Seite des Ganzen erfaßt. In alledem wirkt aber etwas Anderes, ein Geheimnis von Gott her. Er, der Schöpfer und Herr, will ja doch die Welt aus der Erlösungstat seines Sohnes heraus neu schaffen: einen »neuen Menschen« auf einer »neuen Erde« und unter einem »neuen Himmel«. Das kann Er aber nicht so tun, wie Er es einst bei der ersten Schöpfung getan hat, nämlich durch die bloße Macht seines Befehls. Dieses Schaffen muß durch die Freiheit des Menschen gehen. Der Mensch muß bereit sein, sich öffnen und mitwirken. Darauf wartet Gott. Tut der Angerufene nach Gottes Willen, dann wird Gottes Gnadenmacht frei und schafft in ihm und um ihn her »das Neue«, das »Reich«.

Das braucht gar nichts Auffälliges zu sein. Nichts Ungewöhnliches braucht zu geschehen. Das Leben geht weiter wie jedes Menschenleben sonst, besteht aus den gleichen Dingen und Vorgängen, aus Leid und Freude, Plage und Glück — und dennoch ist alles anders. Ein anderer Sinn ist darin, ein anderer Zusammenhang, eine neue Sicherheit und eine neue Verheißung. Das Leben dieses Menschen wird zur Einlaßstelle für Gottes Schaffen. Gott — nicht sofern Er alles im Sein hält und zum Ausdruck seines Schöpferwillens macht, sondern sofern Er das Neue, das Reich heraufführen will — steht gleichsam vor der Tür der Welt und verlangt Einlaß. Jedes Menschenherz — jedes einzig, unentbehrlich und unersetzlich — ist Tür der Welt. Tritt es in das Einvernehmen des Glaubens und Vertrauens, beginnt es zu »trachten nach dem Reich und seiner Gerechtigkeit«, dann geht die Tür auf, und Gott beginnt die neue Schöpfung.

Die Bedeutung der Heiligen aber — eine prophetische Bedeutung, sobald wir das Wort in seinem ursprünglichen Sinne nehmen — liegt darin, daß in ihrem Dasein der Vorgang der Neuwerdung, bei uns überall verhüllt und gestört, mit einer besonderen Deutlichkeit, Energie und Verheißungskraft durchdringt.

IV

Was Jesus meint, wenn Er von der Vorsehung spricht, ist also etwas wesenhaft anderes als die Märchenwelt des Kindes oder die Weltordnung der Wissenschaft, oder das Sendungsgefühl der großen Persönlichkeit — vom Zynismus dessen, der Gott für seine Pläne einzuspannen sucht, ganz zu schweigen. Was Jesus verkündet, ist heilig und groß. Der ganze Ernst und die ganze Überwindung des Glaubens steht hinter ihm.

Dabei bleiben natürlich noch Fragen genug, auf die wir hier nicht eingehen können. Nur eine, die sich vielleicht besonders stark meldet, soll erörtert werden: Bekommt denn nun auch jeder, der auf Gottes Vorsehung vertraut, »Nahrung und Kleidung«? Offenbar doch nicht! Wie steht es aber dann mit der Wahrheit der Botschaft?

Die erste Antwort besteht im Hinweis auf die Bedingung, welche die Botschaft stellt: daß der Mensch »nach dem Reiche Gottes und dessen Gerechtigkeit trachte«, und zwar »vor allem«. Hier kann man nicht mehr diskutieren, sondern wer den Einwand erhebt, muß sich selbst prüfen, vor Gott, ob er die Bedingung erfülle oder sie auch nur zu erfüllen begonnen habe.

Dann ist aber noch etwas anderes. Die in Rede stehende Bedingung ist nicht von der Art wie die Bedingungen der Natur, also etwa wenn gesagt wird: sobald man eine Kugel in bestimmter Weise anstößt, rollt sie einen bestimmten Weg; oder wie die Bedingungen des Rechtslebens, wenn es etwa heißt: sobald eine gewisse Abmachung getroffen ist, treten die und die juristischen Wirkungen ein. Beide Male sind Bedingungen und Wirkungen genau bestimmt: sobald das geschieht, geschieht nachher das. Mit den Dingen der Vorsehung steht es anders, denn da handelt es sich um den Lebendigen Gott. So ist die Bedingung in sein Wissen um den Menschen aufgenommen, und das geht über unser Urteil.

Gott ist Jener, der wahrhaft um den Menschen weiß. Nicht nur im allgemeinen, sondern um jeden Einzelnen nach der Besonderheit seines Charakters und der Einmaligkeit seines Wesens. Und nicht nur in kühlem Kennen, sondern in persönlicher Liebe. Aus diesem Wissen und Lieben geht die Führung des Menschen hervor, einem Ziel zu, das, wie Paulus sagt, »über allem liegt, was wir von uns aus zu erbitten oder zu erdenken vermögen« (Eph 3, 20). So darf die »Nahrung« und »Kleidung«, von welcher die Bergpredigt spricht, nicht nur vom Natürlichen her verstanden werden, sondern meint alles, wessen der Mensch bedarf, um zu werden, was er nach dem Willen des Vaters sein soll. Was das aber ist, weiß nur der Vater selbst.

Aus der Tatsache der Vorsehung folgt also nichts darüber, was im einzelnen eintreten muß. Es wäre falsch und würde den Sinn der Botschaft Jesu mißverstehen, wenn man sagen wollte: Gott muß mir das oder das geben .. Gott muß mich vor diesem oder jenem bewahren .. wenn das oder das geschieht, dann gibt es keinen Gott — und so fort. Die Vorsehung muß nicht Wohlergehen und Erfolg, sie kann auch Mißerfolg und Entbehrung bringen. Sie muß nicht bedeuten, daß die menschlichen Beziehungen sich erfüllen, sondern die schönsten Dinge können zerbrechen. Ja es kann den Anschein haben, als sollten die Fragen »Warum« und »Wozu« überhaupt keine Antwort bekommen. Worum es eigentlich geht, ist ja nicht irdische Wohlfahrt und innerweltliches Glück, sondern das Werden des Reiches Gottes, und des neuen Menschen in ihm.

Gesundheit, Besitz, Erfolg können dafür Hilfen, aber auch Hindernisse sein; und das, was der Mensch Unglück nennt, kann ebensogut schaden wie nützen. Wer auf die Vorsehung hin lebt, lebt also in Gottes Geheimnis hinein.

Eines Dinges aber dürfen wir uns aus der Offenbarung für gewiß halten: daß, wenn wir »zuerst trachten nach dem Reiche Gottes und seiner Gerechtigkeit«, wenn wir uns um den Glauben und die Liebe bemühen, die Führung unserer Geschicke zum Guten geht. Paulus sagt es: »Denen, die Gott lieben, gereichen alle Dinge zum Besten.« (Röm 8, 28) Und das ist eine echte und große Offenbarung, denn die Welt sieht nicht so aus, als ob in ihr die Dinge dem, der Gott liebt, zum Besten gereichten.

So muß sich der Mensch in das Geheimnis der Führung Gottes hineingeben; ja, um das Wort Sören Kierkegaards zu brauchen: er muß sich in sie »hineinüben«. Es kann sein, die Gesetzmäßigkeit der Welt tritt ihm so kalt entgegen, daß es ihm sinnlos vorkommt, noch an eine Führung zum Besten zu glauben. Dann muß er den Glauben in seiner Strenge, als Gehorsam und Treue vollziehen und sich durch die Worte von Bedürfnis und Erlebnis nicht irremachen lassen.

Es gibt aber auch Anderes. Wenn das Herz sich in die Hand Gottes fügt, wird allmählich der Blick frei. Er sieht, wie die Dinge des Lebens gehen: etwa ein scheinbarer Zufall eine wichtige Lösung bringt, oder ein Verlust zur Voraussetzung für etwas sehr Gutes wird. So ahnt er in der anscheinenden Wirrnis des täglichen Geschehens einen verborgenen Zusammenhang und vertraut auf ihn. Man denkt an jene alten gestickten Teppiche: wenn man einen solchen auf seiner Rückseite betrachtet, zeigt sich ein Durcheinander von Linien. Immer nur ein Stück weit vermag der Blick ein Muster zu verfolgen, dann geht es wieder im Gewirre unter. Dann aber wird der Teppich umgeschlagen, und die Führung der Figuren liegt schön vor Augen. So sieht der durch das göttliche Einvernehmen belehrte Blick auf Strecken hin die Sinnlinien des Lebens laufen. Wohl immer nur auf Strecken hin, und ohne daß der Zusammenhang im Ganzen deutlich würde; aber die Strecken werden doch immer länger, und die Beziehungen treten immer breiter hervor — auf jenen Augenblick hin, da im Gericht die Führung des Daseins offenbar wird, und die heiligen Vorsehungsfiguren sich in ihrer schöpferischen Macht enthüllen.

Ja, in dieser Schule wächst der Sinn für das Geheimnis selbst. Das Herz empfindet das Walten jenes Mächtigen, von dem Paulus redet: des Heiligen Geistes, der nach dem Heimgang Christi die Geschichte des Gottesreiches führt. Und das Einvernehmen des eigenen Wollens mit dem Willen Gottes, das zuerst nur Anstrengung und Opfer bedeutete, wird als tiefe Einheit fühlbar, in welcher Gnade und Menschenwille sich verbinden.

Es gibt eine wunderbare Stelle im neunten Buch der »Bekenntnisse« des heiligen Augustinus. Da erzählt er ein Begebnis aus der Zeit nach seiner Bekehrung. Ein heftiger Zahnschmerz hat ihn befallen; in antiker Unmittelbarkeit bittet er die anwesenden Freunde, zusammen mit ihm zu beten, daß Linderung eintrete, und es geschieht. Dann fährt er fort: ». . . so floh jener Schmerz. Aber was war das für ein Schmerz? Und wie floh er? Ich erschrak, Herr, mein Gott, ich gestehe es; denn nichts dergleichen hatte ich von frühester Jugend her erfahren. Und eindringlich wurden mir in der [inneren] Tiefe Deine Winke, und frohlockend pries ich Deinen Namen.« (4, 12) Man fühlt in den Worten noch das Beben der einstigen Erfahrung. Und was ist darin erfahren worden? Der Schmerz selbst wie auch seine Linderung sind nicht so wichtig; wir wissen genug von der Psychogenese körperlicher Zustände, um die Möglichkeit zuzugeben, alles sei ganz »natürlich« zugegangen. Das Erschütternde des Geschehnisses liegt aber gar nicht in dessen Gewicht als solchem, sondern darin, daß der Zusammenhang: Beieinandersein der Freunde, Schmerz, Bitte an die Anwesenden, Gebet, Linderung in seiner göttlichen Gefügtheit hervortritt. Die providentielle Sinnfigur wird durchsichtig. Das Alltägliche ist auf einmal »anders«, fremd, schauervoll, und Dinge wie Geschehnisse werden zu »Winken« der göttlichen Hand.

Freilich, solche Augenblicke sind keine Regel, und ihre Klarheit dauert nicht lange. Besonders bei Menschen, die ein schweres Gemüt in sich tragen, ist es zuweilen, als öffne sich plötzlich alles und werde für den inneren Sinn durchsichtig; dann aber zieht sich die Dunkelheit wieder darüber, das Herz wird wie in einem Kerker eingeschlossen, die Worte von Sinn und Führung klingen leer, und die Mühsal des Glaubens beginnt aufs neue.

Das alles beweist, daß die Vorsehung auf eine Zukunft ausgerichtet ist. Im Raum der Erde, in den Ereignissen unseres persönlichen Lebens und im Gang der Geschichte ist sie verhüllt. Erst im Gericht wird sie offenbar. Das heißt: die Vorsehung hat letztlich eschatologischen Charakter. Sie ist auf das Werden der neuen Welt bezogen, welches sich durch den Lauf der alten, vom Menschen verdorbenen hin vollzieht. So ist ihr nicht das Wissen, sondern das Glauben; nicht die nachprüfbare Sicherheit, sondern die Hoffnung zugeordnet. Beides aber, Glaube wie Hoffnung, bedeuten nicht weniger als Wissen und Sicherheit, sondern mehr. Freilich ein Mehr, das seinen Raum noch nicht hat und sich für die Regel nur in der Weise der Fragwürdigkeit zur Geltung bringen kann.

DIE OFFENBARUNG ALS GESCHICHTE

I

Die Sprache der Kirche braucht das Wort »Offenbarung« in einem zweifachen Sinne. Sie meint damit einmal jene Kunde von Gott, welche uns durch die Natur der Dinge und unser unmittelbares Erfahren zuwächst; dann aber die ausdrückliche Selbstbezeugung Gottes durch Wort und Tat, welche durch den Glauben aufgenommen wird. Uns geht es hier um den zweiten Sinn des Wortes; vom ersten soll nur so viel die Rede sein, als nötig ist, um den Unterschied hervortreten zu lassen.

Die Dinge haben ihr Wesen und ihre Wirkungen. Wir erfahren ihren Einfluß, brauchen sie und schützen uns gegen sie. Daraus erkennen wir, was sie sind. Sie sind aber mehr als das. Sie weisen über sich hinaus. Sie veranlassen uns zur Frage nach dem innersten Sinn, der aus ihnen spricht und den Charakter des Geheimnisses hat; nach dem ersten Woher, aus dem sie stammen, und dem endgültigen Wohin, zu dem sie hingehen, welche beide ebenfalls dem Geheimnis angehören. Dort, wohin diese und ähnliche Fragen deuten, liegt das Göttliche. Es kann uns überall aufleuchten: in der Natur, am Menschenwerk, in uns selbst und am anderen Menschen. Es bildet den letzten Sinn der Dinge, zugleich ruft es uns von allen Dingen weg und führt uns ins Geheimnishaft-Andere.

Dieses Göttliche haben die Menschen näher zu deuten versucht. Sie haben es mit den Fragen nach dem Wesen der Welt und des Menschen in Verbindung gebracht: so ist die natürliche Gotteslehre entstanden. Sie haben es in Gestalten und Geschehnissen ausgedrückt: so haben sich die Mythen gebildet. Sie haben es mit Symbolen verknüpft, die den Gang der Natur und das Leben des Menschen ausdrücken: so sind die Kulte geworden. Aus alledem spricht Weisheit und Kraft, das Leben zu ordnen, aber auch eine letzte Vergeblichkeit. Es macht den Eindruck, als ob der Mensch immerfort suche und nie wirklich finde. Er ahnt, erfaßt und verliert wieder. Wahres verbindet sich mit Falschem, Tiefsinniges mit Törichtem, Reines und Schönes mit Häßlichem und Widerwärtigem. Wenn Gott nicht nur ein Etwas ist, sondern ein Jemand, nicht nur der Geheimnisgrund der Welt, sondern ihr heilig-freier Schöpfer und Herr; wenn dieser Gott wollte, daß wir von Ihm erführen, dann mußte Er mehr von sich sagen, als die Welt kundtut; und Er mußte in einer Weise reden, die den Geist zur Klarheit und den Willen vor die letzte Entscheidung führt. Diese Offenbarung mußte den Menschen aus der eigenen Verfangenheit herausheben. Sie mußte ihm den Gott zeigen, von dem er durch sich selbst nicht weiß — dazu mußte sie ihn aber in den Stand setzen, Gott mit den Augen Gottes zu sehen. Das wiederum war nur möglich, wenn er mit den gleichen Augen sich selbst sah und umkehrte und ein anderer wurde.

II

Wie ist diese Offenbarung vor sich gegangen? Schicken wir eine Frage voraus, die den eigentlichen Raum schaffen soll: Wie müßte unseren Begriffen nach eine solche Offenbarung vor sich gehen?

Wahrscheinlich so, daß Gott innerlich zu uns Menschen redete; zu jedem nach dessen Art. Er müßte sich im Tiefsten unseres Wesens bezeugen, damit wir inne würden: »Das ist Gott, und so ist Er!« Er müßte seine Wahrheit in unseren Geist einstrahlen, damit wir volle Gewißheit bekämen; unser Herz mit seiner heiligen Lebendigkeit berühren, damit wir Ihn lieben lernten; unseren Willen über das Gute und Rechte belehren, damit wir den Weg fänden, ohne auf andere angewiesen zu sein. Was wir so erführen, bliebe zwar unaussprechbar; da aber jeder Mensch erleuchtet wäre, stünden alle untereinander in tiefem Einvernehmen.

Das wäre möglich und schön — es ist aber nicht so gegangen. Erfahrungen dieser Art gibt es wohl; die Mystiker erzählen uns davon. Die Selbstoffenbarung Gottes, die das Heil der Menschen entscheidet, hat sich aber nicht durch sie, sondern durch das Wort vollzogen, und damit ist etwas Neues hereingekommen. Wenn ein Mensch das, was er meint, dem anderen nur durch den Blick sagt, kann das sehr lebendig und groß sein; etwas Entscheidendes kommt aber hinzu, sobald er es im Worte ausspricht. Solange es wortlos bleibt, kann es durch den Strom des Lebens wieder zurückgeholt werden; wenn es ins Wort gelangt, geschieht etwas Unwiderrufliches; es beginnt Geschichte . . Gott hat gewollt, daß seine Botschaft durch das Menschenwort zu den Menschen gelange. Einzelne sollten gerufen, erleuchtet und gewiesen werden und dann das, was sie erfahren, den anderen sagen; diese das Wort aufnehmen, ihm glauben und so an der Offenbarung teilhaben.

Wer sollte aber Träger der Offenbarung sein? Wiederum: An wen würden wir denken? Vielleicht an solche, die in der Ordnung des Daseins eine besondere Bedeutung haben, etwa in jeder Familie an den Vater, in dem sie sich verfaßt; oder an die Mutter, die ihr Herz bildet. Und wieder in jedem Volke an seinen König, der ja ursprünglich einen ganz religiösen Charakter trug; oder an seine Ältesten und Weisesten. Endlich an besonders Begabte und Heiliggewordene, die jeder als Mittler göttlicher Botschaft anerkennen würde. Alles das wäre möglich und einleuchtend; die Offenbarung hat sich aber nicht so vollzogen.

Gott hat zu ihren Boten nicht Menschen gemacht, die im natürlichen Zusammenhang des Daseins eine tragende oder führende Stellung haben, sondern — und nun können wir überhaupt keinen Maßstab angeben: eben die, die Er berufen hat. Warum sie, statt anderer, ist im Geheimnis seines Ratschlusses verborgen. Niemand kann sagen, warum Menschen aus diesem Volke, statt aus jenem; warum diesen Mann mit dieser besonderen Veranlagung, und nicht irgendeinen sonst.

Dadurch bekommt die Offenbarung eine große Lebendigkeit, wird aber auch mit empfindlichen Schwierigkeiten belastet, denn sie geschieht dann eben durch das Wort dieses Menschen. Das hat zwar die Kraft seiner Überzeugung, die Wärme oder die Klarheit seines Wesens, aber auch seine Mängel. Warum soll ich die Offenbarung durch Menschen eines Volkes entgegennehmen, das ich als fremd empfinde? Warum aus einer aufgewühlten Zeit, statt aus einer ruhig vertieften? Warum durch einen Charakter, der dem meinen so entgegengesetzt ist? Hier bekommt die Geschichtlichkeit der Offenbarung eine neue Dichte, und ich habe die Aufgabe, die göttliche Botschaft aus einer besonderen Menschlichkeit herauszuhören. Ich muß mich dem Willen Gottes fügen, der redet, wie Er selbst will, während ich doch ein Recht zu haben glaube, die Wahrheit, von der mein Heil abhängt, nach meiner Weise zu vernehmen.

III

Wie geht nun die Berufung selbst vor sich? In welcher Weise erkennt der Bote die Wahrheit, und wie trägt er sie zu den anderen Menschen?

Wieder liegt eine Meinung bereit: Gott zieht den Berufenen in die Stille, lehrt ihn sich läutern und empfänglich werden, zeigt ihm den Zusammenhang der heiligen Wahrheit und sendet ihn endlich hinaus, damit er den Menschen die heilige Lehre verkünde. Das wäre möglich; es ist aber nicht so gegangen.

Wir lesen in der Schrift, wie Gott einen Menschen, Abram mit Namen — später Abraham geheißen — aus seiner Umgebung herausruft (Gen 12). Der Auftrag lautet aber nicht, in die Einsamkeit zu gehen und dort zu einer Erkenntnis durchzudringen, die dann allen zum Heil dienen werde, sondern in das Land zu ziehen, das ihm und seinen Nachkommen gegeben werden soll. Gott knüpft mit diesem Menschen ein Verhältnis der Treue, den Bund, und setzt damit den Anfang einer göttlich-menschlichen Geschichte. Was aber Gott dem Berufenen mitteilt, ist keine Erleuchtung über sein eigenes göttliches Wesen, oder über die Seele des Menschen, oder über das ewige Heil und den Weg dorthin, sondern die Verheißung, obwohl Abram und sein Weib in weit vorgeschrittenem Alter stehen, werden sie einen Sohn haben, dessen Nachkommen dann zu einem

Volk heranwachsen sollen. Und die Antwort des Gerufenen lautet nicht: »Ich erkenne, was Du mich gelehrt hast; ich verstehe den ewigen Sinn, sehe den Weg zum Heil und will ihn treulich gehen« — sondern: »Ich gehorche.« Das Wort der Offenbarung hat die Gestalt: »Komm, geh mit, handle mit mir« — das Wort des Glaubens: »ich bin bereit.«

So kommt eine Geschichte in Gang. Der verheißene Sohn wird geboren, wächst heran und wird wiederum Vater. Eine Sippe entsteht, die langsam zum Stamm und Volk heranwächst, und dieses Volk hat seine Schicksale.

In alledem vollzieht sich aber wirklich Offenbarung. Wenn der Berufene es mit Gott zu tun bekommt, dessen Befehl er vernimmt und gehorcht, wird er inne, wer dieser Gott ist. Er spürt seine Nähe, fühlt sein Wesen, empfindet seine Gesinnung. Er erfährt, daß Gott Geheimnis, und zugleich, daß Er Leben und Heil ist. Das alles aber nicht durch dargelegte Lehre, sondern hervorleuchtend aus leibhaftigem Geschehen. Im Maße das Geschehen weitergeht, erfahren die Beteiligten immer tiefer die Heiligkeit des Gottes, der da waltet; verstehen seine Führung und erkennen seinen Willen. Das drückt sich auch in Vorstellungen und Begriffen aus, denken wir nur an das Ereignis auf dem Berge Horeb, wo Gott seinen Namen nennt; eine Offenbarung von solcher Tiefe und Klarheit, daß keine Philosophie noch Weltmystik an sie heranreichen (Ex 3, 13-14). Gott ordnet das Leben der Menschen, die Er in diese Geschichte hereingezogen hat, und es entsteht ein Gesetz des Rechtes und eine Lehre des Guten. Wenn die Gerufenen ungehorsam sind, werden Männer gesendet, welche die verwirrten Anschauungen zurechtrücken, mahnen, warnen und drohen, die Propheten. In alledem wird immer klarer, wer Gott ist, und wer der Mensch; immer eindringlicher, was der heilige Wille verlangt, und was er für den Menschen bedeutet. Gott handelt, und die Menschen handeln mit Ihm, oder von Ihm weg, oder wider Ihn; von Mal zu Mal bildet sich eine neue Situation, und aus ihr tritt Wahrheit hervor. So wird der Charakter der Geschichtlichkeit, von dem da die Rede war, noch einmal stärker, dichter, reicher an Spannung und Entscheidung.

Ja der Inhalt der Offenbarung hat selbst eine Geschichte. Am Anfang steht keine Lehre, die dann angeeignet und weiterentwickelt würde, sondern ein Befehl, der in ein Tun übergeht, und eine Klarheit, die hinreicht, um das Tun möglich zu machen. Man könnte sagen, die Wahrheit habe den Charakter eines Lichtes, das auf einen Weg fällt: es reicht immer so weit, als nötig ist, um den nächsten Schritt zu tun; wird der getan, dann wandert das Licht weiter. So kann es sein, daß ein Mensch dort, wo er ihrer bedarf, klare Erkenntnis hat, anderswo aber unbelehrt bleibt. Abraham hat aus einer fast furchterregenden Gemeinschaft um Gott gewußt, höchst wahrscheinlich aber keine Vorstellung einer eigentlichen Unsterblichkeit der Seele gehabt, weil er ihrer zu seiner Sendung nicht bedurfte. Er war im Gehorsam geborgen und in der Huld des Gottes, dem er folgte, seines Heils gewiß, mehr war nicht nötig. Ebenso kann es sein, daß den Erleuchteten große Fehler anhaften, wie einem Jakob, der seinen Vater hintergeht und seinen Bruder überlistet. Das bleibt schlimm, hebt aber die Tatsache nicht auf, daß er dort, wo der Gottesauftrag es fordert, von untrüglicher Wachheit und stiller, durch nichts zu entmutigender Treue ist. Jene Berufenen sind keine Idealgestalten, sondern Menschen, aus dem Dunkel zum Land der Wahrheit unterwegs.

IV

Die Offenbarung ist auch in einem sehr genauen Sinn zur Geschichte Gottes geworden. Sie wollte Wahrheit schaffen; Wahrheit wird aber nur in Freiheit. Der Geist muß das Entgegentretende aufnehmen und es in die Offenheit der Erkenntnis heben. Je höher die Wirklichkeit, um die es sich handelt, desto offener muß der Vernehmende sein — desto wehrloser ist sie aber auch, wenn er sich verschließt. Das gilt im höchsten Maße für die Selbstbezeugung Gottes. Solange die Erdenzeit währt, ist Er, der Inbegriff heiligen Sinnes, der Gebundenste an Macht.

Gott ist zu den Menschen gekommen, um mit ihnen zusammen die neue Schöpfung aufzurichten. Ausdruck dieses Willens ist der Bund. An dessen Verwirklichung soll sich die Offenbarung vollziehen. Sehr bald zeigt sich aber, daß die Menschen nicht aufrichtig im Bunde stehen. Sohn, Enkel und Urenkel des Erstberufenen halten ihm die Treue. Dann aber wandert die Sippe in der großen Hungersnot nach Ägypten aus, wächst dort zum Volke heran, erregt das Mißtrauen der Herrscher und wird unterdrückt: in dieser Zeit vergessen sie den Bund. Das zeigt sich an der Fremdheit, aus der Gott den Moses beruft, wie auch an der Art, wie das Volk sich diesem gegenüber verhält. Durch seine Vermittlung wird am Sinai zum zweitenmal der Bund geschlossen, und die Geschichte des berufenen Volkes als solchen beginnt. Zugleich wird das Gesetz gegeben, worin sich der Wille Gottes als Ordnung des Daseins offenbart. Auf dem Zuge durch die Wüste zeigt sich aber, daß die Berufenen des Bundes nicht würdig sind. So bleibt das Volk in geheimnisvoller Weise in die Wüste gebannt, bis keiner mehr lebt, der mündig aus Ägypten ausgezogen ist. Erst die nächste Generation erobert das verheißene Land.

Es folgen drei Jahrhunderte unablässiger Kämpfe, eine Zeit des Faustrechtes und der Verwilderung, während der nur wenige die Erinnerung an das Ereignis vom Sinai bewahren. Aus diesem Chaos hebt sich schließlich die Gestalt des Propheten Samuel heraus. Von ihm verlangt das Volk einen König, wie alle Völker ihn haben; dieses Begehren ist aber wiederum Abfall, denn Gott will ein Reich, in dem Er unmittelbar durch seine Propheten herrscht. Wenn der Mensch sich dem Höchsten verweigert, zwingt Gott ihn nicht; so wird der König gewählt. Saul ist stark und tapfer, versagt aber in der Probe. Statt seiner ruft Gott David, und dieser eint in harten Kämpfen Volk und Reich. Sein Sohn Salomon erbt die Macht und führt eine Regierung langen Friedens. In ihr gipfelt die Geschichte des Volkes; Ausdruck und Denkmal davon ist der Bau des Tempels. Salomon selbst aber erträgt die Macht und das Glück nicht und fällt vom reinen Dienste Gottes ab. Unter seinen Söhnen bricht das Reich auseinander, und die Geschichte, die nun folgt, ist voll Verirrung, Untreue und Unheil. Die Könige, die dem Bunde treu bleiben, bilden die Ausnahmen; die meisten vergessen den Sinn ihrer Krone und leben wie die asiatischen Despoten sonst — nur, da sie nun einmal etwas anderes sind, kleiner und unsicherer.

Diesem Volke ist gewährt, aber auch auferlegt, seine Geschichte nicht aus dem eigenen Wesen, sondern aus dem Walten Gottes und dem Glauben zu leben. In ihm soll sich Gottes Reich verwirklichen; dazu muß es aber seinen natürlichen Geschichtswillen opfern. Es soll immer neu tun, was einst der Erstberufene getan, »hinausgehen aus dem Lande und der Verwandtschaft« und ins Unbekannte wandern, damit sich ihm dort von Schritt zu Schritt die Herrlichkeit Gottes offenbare. Das will es aber nicht. Es will »bei den Fleischtöpfen Ägyptens« bleiben; es sperrt sich gegen den Zug in die Wüste; es widerstrebt der Führung der Richter und Propheten; es will nicht Gott, sondern einen Menschen zum König; die meisten der Könige aber wollen ihre eigene Macht und bestehen auf ihrem persönlichen Führungswillen. Wenn dann Gott seine Boten sendet, wird das fast immer ein Kampf auf Leben und Tod, in dem der Prophet zugrunde geht. Die Geschichte, die Gott will, in der sich aus der Wurzel des Bundes die Reihe der Großtaten Gottes erheben und das Reich seiner Herrschaft aufbauen soll, verwirklicht sich nicht. Was tatsächlich vor sich geht, ist ein Ringen Gottes mit dem Menschenwillen, und man kann nicht anders sagen, als daß Er unterliegt. Das Reich, das Er will, ersteht nicht. Der Optimismus der Neuzeit sieht Geschichte immer unter dem Gesichtspunkt des Gelingens und ordnet das Mißlingen so ein, daß es als Durchgang zum Eigentlichen erscheint: so sehen wir auch die alttestamentliche Geschichte als ein Fortschreiten zu Christus hin. In Wahrheit ist sie ein unablässiger Kampf Gottes mit der Hartnäckigkeit dieses Volkes; und was an Großem durchdringt, muß es in mühsamer Überwindung tun. Gott bewahrt seine Treue trotz der Untreue des Menschen, und dieses »Trotzdem« ist das Eigentliche. Eine Verwirklichungsweise der göttlichen Absichten — fast möchte man sagen, ein Gesetz tut sich kund, das dann in Christus seine letzte Schärfe erhält: das Gesetz der Vergeblichkeit, des Untergangs, des Kreuzes.

Damit hängt auch etwas anderes zusammen. Man versteht das Alte Testament oft als den Wesensausdruck eines bestimmten Volkes; in Wahrheit könnte man es nicht tiefer mißverstehen. Jene Geschichte und jenes Reich, um die es hier ging, sollten nicht die natürliche Daseinsgestalt dieses

Volkes sein, sondern aus der unmittelbaren Führung Gottes erwachsen — ebenso wie die Offenbarung des Alten Testamentes nicht die natürliche Frömmigkeit dieses Volkes bilden, sondern sie gerade überwinden und jenen Gott kundtun sollte, der über allem Geschaffenen steht. In dem Sinne, wie wir von einer griechischen oder römischen oder persischen Religion sprechen, gibt es eine jüdische nicht. Wie eine solche ausgesehen hätte, zeigt uns ein Blick in die Religionsgeschichte Vorderasiens; was hingegen aus den Büchern des Alten Testamentes redet, ist der Kampf der Selbstoffenbarung Gottes mit dem religiösen Eigenwillen dieses Volkes. Daß aber dieser Eigenwille so zäh war; daß Gott, irdisch gesprochen, in diesem Kampfe unterlag — welches Unterliegen freilich durch das Geheimnis eines unsäglichen Opfers zum Sieg wurde —, verursacht den Schein, das Alte Testament sei die Religion eines bestimmten Volkes, während es in Wahrheit die freie Offenbarung des Herrn der Welt bildet. Als aber dieses Volk dann den gekommenen Erlöser ablehnte und sich endgültig gegen die Führung Gottes verhärtete, entstand wirklich das, was »jüdische Religion« genannt werden kann, und seinen Ausdruck im Talmud und ähnlichen Schriften gefunden hat. Wenn den späteren Menschen am Alten Testament manches stößt, dann mag er nicht vergessen, daß es Gott selbst noch ganz anders gestoßen hat. Es ist das Zeichen, wie stark sich der menschliche Eigenwille gegen den Willen Gottes durchgesetzt hat. Man kann es aber, während die Geschichte geht, nicht vom übrigen trennen, so wenig man nach dem Gleichnis Weizen und Unkraut trennen kann. Ja dieses Ineinander ist selbst Offenbarung: es sagt, wie unbegreiflich treu Gott ist. Von uns aber erwartet Er, daß wir verstehen und mittragen, was Er auf sich genommen hat.

Wir kehren zurück. Nach Salomon brach das Reich in zwei Teile auseinander. Die Geschichte der beiden Herrschergeschlechter führt nicht nur bis in die Ferne der Vergessenheit, sondern auch in die des Hasses gegen Gott und seinen Bund. Prophet um Prophet kam, vermochte aber die Entfremdung und ihre Folge, den Untergang, nicht aufzuhalten. Im Jahre 722 wurde das Nordreich, im Jahre 586 das Südreich zerstört, und das Volk in Gefangenschaft geführt. Als es dann geschwächt und ohne seine Herrscher zurückkehrte, hatte sich seine religiöse Haltung verändert. Der Glaube an den einen Gott, von dem es vorher immer wieder zu den Göttern der umgebenden Völker abgefallen war, stand nun in seinem Herzen fest. Der Bund vom Sinai bildete die Mitte seines Bewußtseins; das Gesetz die Grundlage seines Lebens. Ebendaran vollzog sich aber ein neuer Abfall. Was Ausdruck unmittelbarer Gottesherrschaft sein sollte, wurde zu einem Mittel natürlicher Selbstbehauptung. Das Wort »Gott Israels«, das den Sinn hatte, das Volk solle Gott gehören und in der Hingabe an Ihn seine Geschichte haben, nahm nun mehr oder weniger entschieden die Bedeutung an, Gott gehöre diesem Volke und sei der Bürge seiner irdischen Existenz. Aus dem Bunde, der es in das Geheimnis von Gottes Ratschluß führen und Sein Reich schaffen sollte, wurde die religiöse Grundlage irdischer Macht; und aus dem Gesetz, welches das Volk für Gott erziehen und es immer wieder aus der irdischen Verwebung herausreißen sollte, die Verklammerung in die Welt.

Im Fortgang der Offenbarung war unterdes etwas Entscheidendes hervorgetreten. Im Maße deutlich wurde, daß die irdischen Könige keine Nachkommen Davids im geistigen Sinne seien, trat aus den Visionen der Propheten die Gestalt eines anderen Herrschers hervor, der einst als wirklicher Vollstrecker des Gotteswillens kommen würde: der Messias. Im Maße deutlich wurde, daß die beiden Königtümer nicht jenes Reich seien, das Gott gewollt hatte, zeichnete sich ein neues, kommendes Reich ab: das des Messias. Als das Volk aus der Gefangenschaft zurückkehrte und ein bedrängtes, machtloses Dasein führen mußte, war die Hoffnung auf den Messias sein ganzer Halt. Doch wurde auch das zum Abfall: das Bild des Messias wurde ebenfalls in seinen eigenen Geschichtswillen hineingezogen — so sehr, daß dieser, als Er kam, keine Stätte fand und wie ein Verräter behandelt wurde.

Als Christus geboren wurde, war die Zeit von der Hoffnung auf den Erlöser ganz erfüllt. Dessen Bild war aber so eng mit dem irdischen Volkswillen verbunden, und sein Reich wurde so unerschütterlich als Ausdruck seit Jahrhunderten aufgehäufter Hoffnungen angesehen, daß der Herr nichts sagen konnte, ohne mißverstanden zu werden. Wenn wir die Evangelien lesen, haben wir den Eindruck eines beständigen Mißverstehens — und sehen dieses Mißverstehen noch gar nicht tief genug, weil wir alles vom Ausgang her deuten.

Auch die Gestalt Jesu dürfen wir nicht so auffassen, wie wir es nach der rationalistischen Gewöhnung der Neuzeit gern tun: als den immerfort Beispiel gebenden Lehrer der Wahrheit und Tugend. Jesus ist vor allem Handelnder. Er führt die heilige Geschichte zum Ende des ersten und zum Beginn des zweiten Bundes. Er zieht die Folgerungen des Gewesenen und beginnt ebendamit das Neue. Zuerst und wesentlicherweise hat Er eines gewollt: das Reich bringen, dessen Kommen durch Jahrhunderte hindurch von den Propheten erschaut worden und nun ganz nahe war. Seine erste Verkündung lautet: »Das Reich Gottes ist nahe! Wendet euren Sinn und glaubet der Botschaft des Heiles!« Geschichte also; Handeln Gottes unter den Menschen und die Aufforderung, in dieses Handeln einzutreten. Hätten die Hörer gehorcht, so wäre das Reich Gottes in einer Weise, die wir nicht zu erdenken vermögen, als offene Wirklichkeit gekommen. Darin besteht die ungeheure Geschichtlichkeit jener Tage — und ihre nicht zu ermessende Furchtbarkeit darin, daß es nicht geschah; daß Gottes Reich von da ab »im Kommen« verharrte, immer nur von Mal zu Mal in diesem Menschen oder jenem Zustande anlangend, um wieder im nächsten zurückzuweichen; sein endgültiges Kommen aber an das Ende der Zeiten verwiesen wurde.

Trotz dieser äußersten Untreue ist aber Gott treu geblieben. Christus ist aus der heiligen Geschichte nicht ausgebrochen, sondern hat in ihr ausgeharrt. Er hat sich vor den Folgen jener Untreue nicht geschützt, weder durch Klugheit noch durch Wundermacht. Er hat alles angenommen, was durch die Ablehnung des Gotteswillens eintreten mußte. Sie haben Ihm Werk und Leben zerbrochen. Aller Ungehorsam, aller Abfall, alle Empörung der vergangenen Jahrhunderte und darin alle Empörung des Menschen überhaupt hat sich wider Ihn gesammelt und erfüllt. Indem Christus ihnen standhielt, hat Er die Sünde der Welt gesühnt. Die Sünde ist letztlich der Wille, Gott abzuschaffen. Diesem Willen hat der menschgewordene Gott wider sich selbst Raum gegeben. Da Er aber der Liebende war, ist dieser Tod zum Opfer der Erlösung geworden, und mit ihm hat die neue Geschichte begonnen.

V

Aus diesem Geschehen heraus hat sich die neue Offenbarung vollzogen. Vor allem hat sich das Antlitz Gottes enthüllt: das Geheimnis seiner Dreieinigkeit. Aus der Art, wie Christus im Dasein steht, wie Er sich gesendet weiß, wie Er Gottes Reich und Ehre empfindet, gehorcht und betet; und wieder aus der Art, wie Er zur Tatsache der Sünde steht, wie Er Autorität beansprucht, einer der Menschen ist und doch wiederum ganz aus ihrer Zahl herausgenommen — aus alledem wird deutlich, daß sein Verhältnis zum Göttlichen anders ist als das irgendeines Propheten oder Religionsstifters. Er ist nicht nur von Gott erfüllt, sondern in einem Sinne, der gar nicht rein und hart genug genommen werden kann, einfachhin Gott. Wenn Er aber dann zugleich sagt, daß Er von seinem Vater ausgegangen sei und wieder zu Ihm heimkehre, und so in der Einheit Gottes ein echtes und wirkliches Gegenüber deutlich wird, enthüllt Dieser sich anders, als der Mensch Ihn von sich aus denkt. Im Einen Gott zeigt sich eine Unterscheidung, welche mit der Art zusammenhängt, wie Er »Ich« spricht, »Ich« ist. Das Ich-Du-Verhältnis, das sich bei uns zwischen Mensch und Mensch entfaltet, liegt bei Gott, ohne daß seine Einheit angetastet würde, in Ihm selbst. In Ihm, dem Einen, Einigen, ist Gemeinschaft; und sie entfaltet sich zwischen Dem, der in Christus »Ich« sagt, und Dem, den Er »Vater« nennt. Und noch ein weiteres Antlitz wird deutlich: Dessen, den Er den »Geist« nennt, und von Dem Er sagt, daß Er Ihn vom Vater und daß der Vater Ihn in seinem Namen senden werde.

Ein zweites wird deutlich und vollendet die Offenbarung der voraufgehenden Jahrhunderte: daß dieser Gott nicht das Allgeheimnis der natürlichen Frömmigkeit, oder das

Weltwesen der Philosophie, sondern personhaft im reinsten Sinn des Wortes ist. Er west nicht nur und wirkt und waltet, sondern kommt und weilt, handelt, führt und herrscht, tritt in die Geschichte ein, existiert in ihr und erfährt Schicksal. Er ist göttlich über alle menschliche Vorstellung der Göttlichkeit. Je tiefer wir die biblische Gottesoffenbarung verstehen, desto mehr verblaßt alles, was irdische, griechische oder welche Weisheit sonst über das Göttliche gesagt haben. Dort ist Erlebnis und Tiefsinn; in der Schrift ist Wirklichkeit und Reinheit. Dieser gleiche Gott aber offenbart sich in einer Weise, die wir nur so ausdrücken können, daß wir sagen, er sei sehr menschlich. Wenn nach dem Wort der Genesis der Mensch nach dem Bilde Gottes geschaffen ist; wenn Ende und Inbegriff der Offenbarung darin besteht, daß Gott Mensch wird und es in Ewigkeit bleibt; wenn Er, der vorher Unbekannte, im Menschen Christus zur lebendigen Wahrheit unseres Geistes wird — dann ist der Mensch kein beliebiges Geschöpf, sondern zwischen Gott und ihm waltet eine Beziehung, die zwar mit pantheistischen Gedankengängen nichts zu tun hat, ja durch sie geradezu zerstört wird, aber tiefer, näher, mächtiger ist als alles, was mit Begriffen ausgedrückt werden kann. Es ist gesagt worden, Gott sei viel menschlicher, als wir denken; wir können fortfahren: und der Mensch ist göttlicher, als wir ahnen. Freilich dürfen diese Sätze nicht vom Menschen her, aus irgendwelchen religiösen Erfahrungen oder philosophischen Überlegungen heraus gesagt werden, denn dann gleiten sie sofort in den Pantheismus ab, sondern nur von der Offenbarung her, als ein Geheimnis, dessen Sinn der Mensch in dem Maße erfaßt, als sich in ihm jene Umwerdung vollzieht, die Christus gefordert und ermöglicht hat.

Aus der Offenbarung wird auch deutlich, wie Gott gesinnt ist. Es ist die Frage aller Fragen, wie Gott es mit uns meint, aber auf sie gibt es von uns her keine Antwort. Unsere Erfahrung kann uns sagen, daß die Gottheit es mit uns gut meine, und wir in ihrer Weisheit geborgen seien — aber auch, daß wir einem gleichgültigen Weltmechanismus ausgeliefert seien, und das Göttliche daran nichts ändere. Welche Antwort einleuchtet, ist Sache des Temperaments —

ja oft ganz zufälliger Voraussetzungen; etwa ob der fragende Mensch jung und voll Hoffnung, oder alt, erfahren und enttäuscht ist; ob gesund und tatkräftig, oder krank und behindert; begabt und frei, oder unfruchtbar und eingeengt. Jedesmal aber ist er Mensch, und wer will sagen, in welchem Zustande er dort, wo es um das Letzte geht, richtiger sieht?

Wie Gott wirklich gesinnt sei, sagt uns nur seine Offenbarung. Die Tatsache, daß Er in Christus zu uns gekommen und Einer von uns geworden ist; die Weise, wie Er mit seinen Menschengeschwistern verkehrt hat; was Ihm wichtig war, und wie davor alles verschwunden ist, was wir Selbstsucht nennen; wie Er gesprochen, gekämpft, sein Schicksal auf sich genommen und bis zum Ende durchgetragen hat — die Sinnrichtung, die aus alledem deutlich wird, das ist die Gesinnung Gottes.

Die Offenbarung sagt endlich, wer der Mensch ist. Er muß für Gott mehr bedeuten als nur den Gipfel seiner Schöpfung. Ein Schicksal der Liebe, vom ersten Gedanken an. Gott muß an ihm in einer Weise beteiligt sein, die an Seine innerste Existenz rührt, mit seinem Herzen und mit seiner Ehre — ohne daß dadurch irgendwie in Frage gestellt würde, daß Gott Gott ist und der Mensch Geschöpf. Ein Gott, der nur als Schöpfer um sein Geschöpf, als gnädiger und erbarmender Weltenherr um ein sündiges Erdenwesen besorgt wäre, tut nicht, was Er getan. Wir müssen mit dem, was Offenbarung heißt, Ernst machen. Wenn Christus Offenbarung ist, dann bedeutet der Mensch für Gott etwas anderes, als der bloße Gedanke der Erbarmung sagt.

Dieser gleiche Mensch aber muß in einer unausdenklichen Weise gefährdet sein. Ausdruck dieser Gefährdung ist die Sünde. Wenn Gott, um die Sünde zu bewältigen, tut, was Er in Christus getan hat, dann ist sie von einer Furchtbarkeit, die wir nicht zu ermessen vermögen — und nicht nur für den Menschen, sondern für Gott. Dann geht sie Ihn in einer Weise an, von der wir uns von uns aus keinen Begriff machen — wiederum ohne irgendwie die Tatsache anzutasten, daß Gott allem, was von der Welt her kommt, enthoben ist, Herr seiner selbst und darum alles Seienden.

VI

Was in Christus geschieht, ist Ende und zugleich Anfang. In Ihm erfüllt sich jenes Kommen Gottes, das in der voraufgehenden heiligen Geschichte begonnen hat. In Christus ist Gott endgültig angelangt und nun ganz bei uns. In Christus hat sich seine Selbstenthüllung vollendet. Einst war Er der unbekannte, nun ist Er der offenbare Gott, die Wahrheit unseres erlösten Geistes. Wir unterscheiden sein Antlitz und wissen, wohin wir sprechen dürfen. Wir kennen das heilige Du, vor dem der Mensch, im Maße er hört und gehorcht und liebt, überhaupt erst wirklich Er-selbst wird. Wir wissen um Gottes Innigkeit, die jedes geschaffenen Herzens Ziel ist. Das alles ist in Christus offenbar geworden.

Offenbar geworden ist in Ihm auch die Sünde, indem sie Ihm gegenüber zum letzten Maß ihrer Bosheit und Sinnlosigkeit gelangte. Ebendadurch wurde sie aber auch überwunden. Indem Er ihr alle Macht gegen sich selbst gab, zwang Er sie, sich ganz zu enthüllen. Indem Er ihr erlaubte, ihren innersten Willen an Ihm zu tun, sühnte Er sie. Nun ist das Dasein anders, als es war. Die tiefste Macht der Sünde bestand darin, daß sie noch nicht ihre ganze Möglichkeit gezeigt hatte, und es daher schien, sie sei fähig, den Sinn schlechthin umzukehren und Gott zu stürzen. Diese Macht wurde zerbrochen, als offenbar wurde, daß ihr scheinbarer Sieg nichts anderes war als der Anlaß für Gott, »seine Liebe zu ihrer letzten Vollendung zu bringen«. Damit hat ein Neues begonnen.

Wir neigen dazu, das Christlich-Eigentliche als eine Art System oder Weltordnung anzusehen. Das Neue Testament und die ersten christlichen Schriftsteller sehen es als ein Handeln Gottes. Christus ist gekommen, hat die Erlösung vollbracht und ist wieder zum Vater zurückgekehrt. Vom Vater hat Er den Heiligen Geist gesendet, der nun bei den Menschen ist, und ihnen »das Eigentum Christi« gibt. Er selbst aber steht am Rande der Welt — droben, auf dem Throne, und drinnen, im Innersten des Menschen — und wartet, bis die Stunde kommt, da Er wiederkommen wird. Die Zeit aber — die ganze Zeit der Geschichte, in welcher der Mensch lebt und plant und handelt und schafft — ist das, was zwischen Fortgang und Wiederkehr Christi liegt. Darin waltet der Geist, führt die Menschen und wirkt in der Schöpfung ein Geheimnis inneren Werdens, das sich einst, wenn der Herr kommt, offenbaren soll .. Dieses Bild vom Wesen des Christlichen hat sich im Lauf der Jahrhunderte verändert. Wir verstehen es als den Zusammenhang der Wahrheit, Weisheit und rechten Ordnung aller Dinge. Das ist natürlich richtig, denn der Gott, der uns erlöst, ist der gleiche, der auch die Welt geschaffen hat; der Logos hier wie dort. Diese Betrachtungsweise kann aber auch vergessen lassen, daß die eigentliche Form unseres Daseins eben doch Gottes Handeln ist. Erst von ihr aus bekommt alles seinen richtigen Charakter und Sinn — vor allem die dem Herrn so wichtige Lehre von der Vorsehung. Sie meint die Führung unseres Lebens, die sich aber nicht aus einer allgemeinen Weltordnung, sondern aus dem Handeln Gottes heraus vollzieht.

Im Maße das Christentum aufhört, selbstverständlich zu scheinen und wieder zu einem Gegenstand des Widerspruchs wird, könnte auch der biblische Begriff vom christlichen Dasein durchdringen: daß es das Einbezogensein des Menschen in Gottes Handeln ist. Damit würde auch die Glaubenshaltung anders.

Wir sind gewohnt, den Glauben ebenfalls »systematisch« zu verstehen, etwa nach dem Bild des Wissens und der Naturwissenschaft, als Einsicht in einen das Sein Gottes und der Welt umspannenden Kosmos. Für das Gefühl der frühesten Zeit hieß Glauben, über das vor sich gehende göttliche Handeln belehrt zu sein, sich von Ihm angerufen zu wissen und in es einzutreten. Während Jesus lebte, fand diese Haltung ihren Ausdruck im Begriff der Nachfolge. Da hieß Glauben, mit Jesus gehen; mittun, was Er tat, und so dem Reich Gottes Bahn schaffen. Diese erste Vorstellung von der Nachfolge mußte sich aber wandeln, sobald Jesus nicht mehr auf Erden weilte. Aus der »Nachfolge« wurde im Laufe der Zeit die »Nachahmung«. Danach ist Jesus das Vorbild der Vollkommenheit, und wir sollen es nach unserer Möglichkeit nachformen. Wieder ist die Vorstellung aus dem Tathaft-Geschichtlichen ins »Systematische« gegangen. Für die Frühzeit muß »Nachfolge« das Warten auf den kommenden Herrn, die Annahme des Schicksals, das sich aus dem Christsein ergab, und das Mittun im Handeln des Heiligen Geistes bedeutet haben.

Vielleicht kehrt auch diese Haltung wieder, wonach Glauben heißt, durch Gottes Wort belehrt zu sein, daß Er handelt, und sich in dieses Handeln hineingeben. Überzeugt sein, daß Christus kommen wird, und die scheinbar so sichere Welt unter der Macht dieses Kommens sehen. Innesein, daß der Heilige Geist am Werke ist, um den Sinn der Menschen zu öffnen, ihren Willen zu wenden und sie in den großen Zug des göttlichen Schaffens hereinzuholen. Dieses Handeln Gottes ist schwerer wahrzunehmen als das einstige. Früher lief es auf einer Linie: der Geschichte eines bestimmten Volkes, die im Schicksal Jesu gipfelte. Seit seinem Hingang hat es sich ausgebreitet, ist gleichsam raumhaft geworden, überall im inneren Suchen und Drängen, Berühren und Erleuchten, Wecken und Umschaffen am Werk. Glauben heißt, darin leben und die Ereignisse der Geschichte wie des eigenen Schicksals daheraus verstehen — wo aber kein Verstehen möglich und alles durch die Dunkelheit der Erde verhüllt ist, in Treue auszuharren und auf das Letzte, das Kommen Christi zu warten.

DER GLAUBE ALS ÜBERWINDUNG

Im ersten Briefe des Apostels Johannes steht der Satz: »Alles, was aus Gott gezeugt ist, überwindet die Welt; und das ist der Sieg, der die Welt überwindet, unser Glaube.« (5, 4) Die Worte sind uns vertraut, und wir glauben, ihren Inhalt zu kennen. Wenn wir uns aber mit ihnen einlassen, führen sie uns weiter und tiefer, als wir gedacht haben.

Auf den ersten Blick scheinen sie folgendes zu sagen: Der Mensch, der an Christus glaubt, ist stark. In Gottes Wahrheit verwurzelt und durch seine Gnade gekräftigt, vermag er die Last zu tragen, die das Dasein auf ihn legt. Er vermag dem Häßlichen, Bösen, Niedrigen, das in ihm selbst und um ihn her am Werke ist, zu widerstehen. Er überwindet das Leid. In dem, was ihm geschieht, sieht er Gottes Weisheit; er ahnt einen ewigen Sinn selbst im scheinbar Verzweifelten, und reift so zur Mündigkeit der Söhne und Töchter Gottes heran . . Nach dem ganzen Zusammenhang ist das tatsächlich zunächst der Sinn der Apostelworte. Sie sagen aber noch mehr, nämlich folgendes: Glauben ist selbst und an sich schon ein Sieg. Man kann gar nicht glauben, ohne über die Welt zu siegen. Nur so viel, als ein Mensch über die Welt siegt, glaubt er. Wenn er den Kampf mit der Welt nicht aufnimmt und in ihm Herr bleibt, stirbt sein Glaube, denn Glauben ist nur in der Form der Überwindung möglich.

Was bedeutet in diesem Zusammenhang überhaupt das Wort »Welt«?

Die Heilige Schrift braucht es in verschiedener Weise. Zunächst — denken wir etwa an den Schöpfungsbericht der Genesis — meint sie mit Welt alles das, was es gibt und was geschieht, in seiner Mannigfaltigkeit und seinem

Zusammenhang. Danach ist Welt das Land, in dem ich lebe; Fluß und Meer, Feld und Wald und Gebirge; die Bäume und die Tiere; der Erdenraum überhaupt, der Himmel mit seinen Gestirnen, das All in seiner Unabsehlichkeit. Welt ist ferner der Mensch; ich selbst; mein eigenes Volk, die anderen Völker, die mich Umgebenden; die Menschheit in ihrer Erstreckung über die Erde und durch den Gang der Zeiten hin. In alledem gibt es genug, was überwunden und besiegt werden muß: die Trägheit des Stoffes durch die Kraft der gestaltenden Hand; die Dunkelheit des Unbegriffenen durch den forschenden Geist; die Gefahren, welche dem Menschen von der Natur drohen, durch Vorsicht und Geschicklichkeit; wilde Tiere, feindliche Menschen, Krankheit und Not durch Kampf, Arbeit, Klugheit und Erfahrung. Das alles ist aber eine Überwindung, welche sich auf Schwierigkeiten und Gegner innerhalb der Welt richtet, nicht auf »die Welt« selbst. Es ist ein Sieg, den das Dasein fordert, weil der Mensch sonst nicht bestehen kann; den man aber nicht in der Weise mit dem Glauben verbinden darf, wie es das Wort des Apostels tut. Der Glaube hilft, diesen Kampf vor Gott tapfer zu führen; in Redlichkeit zu siegen oder in Ehren zu unterliegen. Nicht aber kann man sagen, der Glaube hänge vom Ausgang dieses Kampfes ab; ja er sei geradezu der in ihm errungene Sieg. Der Sieg, von dem das Apostelwort spricht, soll ja »die Welt« überwinden, als den Feind einfachhin. Die Welt aber, wie wir sie bisher verstanden haben, ist nicht Feind in diesem Sinne. Was ist, hat Gott geschaffen, und die Schrift sagt: »Gott blickte auf alles, was Er geschaffen hatte, und siehe, es war sehr gut.« (Gen 1, 31) Er hat die Schöpfung dem Menschen in die Hand gegeben, daß er in ihr lebe, arbeite und sein Werk gestalte; nicht, daß er sie als seinen Feind ansehe und kämpfend überwinde.

Dann aber meint »Welt« im Sprachgebrauch der Schrift noch etwas anderes, nämlich die Menschen, die Dinge und was immer ist, jedoch ohne Gott und wider Gott. Welt bedeutet dann, daß der Mensch sich in Ungehorsam und Empörung sein eigenes Reich baut; Besitz und Umgebung, Land und Meer, Erde und Himmel gleichsam um sich sammelt und das Ganze wider Gott stellt. Das hat der erste Mensch getan, als er sündigte. Diese Gesinnung hat sich im Menschenwesen festgesetzt und überall ausgewirkt, wo Menschen sind. So ist etwas Ungeheures, Schlimmes, Dunkles entstanden: die Welt im bösen Sinne; das Reich des von Gott abgefallenen Menschen, der die Schöpfung seinem eigenen Willen dienstbar macht. Die ist nun in uns und um uns her. Von ihr sagt die Schrift: Diese Welt mußt du besiegen, wenn du glauben willst.

Glauben heißt an den lebendigen Gott glauben, der die Welt geschaffen und sich uns durch sein heiliges Wort geoffenbart hat. Wie hängt dieser Glaube mit jenem Sieg zusammen?

Die Welt ist groß; von Mächten und Herrlichkeiten voll. Wir brauchen nur zur Nachtzeit hinauszutreten und das »Übermaß der Sterne« über unserem Haupte zu erblicken; oder das Meer zu sehen, wie es im Sonnenglanze liegt oder im Sturm tobt. Wenn ein Mensch diese Größe fühlt, erfüllt sie ihm das Herz. Das ist schön; es kann aber auch gefährlich werden. Sie kann ihn übermächtigen. Besonders dann, wenn die Wissenschaft ihm sagt, wie ungeheuer das alles ist; wie unerbittlich seine Gesetze sind; wie es unendlich weitergeht ins Große und immer Größere, ins Kleine und immer Kleinere, so daß weder Blick noch Gedanke an ein Ende kommen. Aus alledem kann ein Bild von der Welt erwachsen, so riesenhaft an Maß und gewaltig an Sinn, daß es in Geist und Herz des Menschen für nichts anderes mehr Raum läßt . . Das Gleiche kann auch vom Leben her geschehen. Wenn ein Mensch starken Gefühls fähig ist und Hoffnung und Seligkeit erfährt; wenn ihn eine Menschenbegegnung mit Freundschaft und Liebe erfüllt; wenn er die Schmerzen des Daseins und die Unbegreiflichkeit des Schicksals fühlt; wenn er inne wird, wie unerschöpflich und fruchtbar, wie immer neu und unabsehlich das Leben ist — dann nimmt das ebenfalls von ihm Besitz und füllt ihn aus. Auch das ist herrlich; auch das aber kann gefährlich werden . . Es kann geschehen, daß Geist und Herz des Menschen so gleichsam vollgestellt sind mit der Menge der Dinge, sein Gemüt so ausgefüllt von der Gewalt des Lebens, daß Gott keinen Platz mehr hat. Ein solcher Mensch weiß nicht mehr, wo Gott noch sein sollte. Er sieht nicht ein, wozu es noch einen Gott geben müsse. Dann vergeht der

Glaube. Die Worte, die er über Gott gelernt hat, werden wesenlos. Er hat das Gefühl, sie seien damals gut gewesen, als er noch ein Kind war; nun aber wisse er es besser. Nun sei die Welt da, das Leben — das sei alles, und sei genug.

Jetzt wird es Zeit für das Wort des Apostels: Wenn dir daran gelegen ist, zu glauben, mußt du gegen diese Welt kämpfen; denn so, wie sie dir den Geist und das Herz erfüllt, ist sie dein Feind. Worin besteht aber der Sieg? Darin, zu erkennen, daß es Größeres gibt als die Dinge: eine Größe im Geiste, im Geheimnis, im Heiligen, im Überirdischen. Er besteht darin, zu erkennen, daß es ein Leben gibt, welches edler, lebendiger, wirklicher ist als das unmittelbar empfundene: das Leben der Seele, das ins Ewige geht. Sobald dir das klar wird, tut sich ein neuer Raum auf, und Gott ist da. Du hast gesiegt, und nun vermagst du in Freuden zu glauben.

Eine große Kraft des Menschen ist das Denken. Damit fragt er nach dem Wesen der Dinge, nach ihren Ursachen, ihren Ordnungen, ihren Zielen — »was« und »woher« und »warum« und »wozu«? Mit dieser Kraft fragt er auch nach Gott: Gibt es Ihn wirklich? Wie ist Er? Sieht Er mir ähnlich? Wie lebt Er? Wie handelt Er? Hat Er wirklich die Welt erschaffen und wann und wie, und wie besteht sie vor Ihm? Die Fragen können sich verschärfen: Kann denn die Welt von Ihm geschaffen sein? Genügt sie sich nicht selbst? Sie besteht aus festen Stoffen, ist getragen von gewaltigen Kräften, geleitet von unfehlbaren Gesetzen, erfüllt von unerschöpfbarem Sinn, durchströmt von tiefem Geheimnis — wozu noch Gott? Braucht sie Ihn denn? Engt die angebliche Gotteswirklichkeit nicht die Größe des Daseins ein? Wird es unter ihr nicht unfrei und kümmerlich?

Die Welt ist groß; sie ist aber auch schrecklich. In ihr sind Schmerzen, unermeßliche, unbegreifliche. Wie kann es einen Gott geben, wenn es so viel Leiden gibt? Gott ist doch barmherzig; wie kann Er das wollen? Die Welt ist voll Gewalt, List, Ungerechtigkeit, Grausamkeit; wie kann Gott das mit ansehen? Es kann keinen Gott geben, sonst wäre das alles nicht so. Gibt es Ihn aber wirklich, und alles ist sein Werk — muß Er dann nicht selbst ein furchtbares Wesen sein, das mit dem Bilde, welches der Glaube von

Ihm zeichnet, gar nichts zu tun hat; unbarmherzig, grausam, unbegreiflich? Es ist uns gesagt worden, wenn der Mensch es gut meine und zu Gott rufe, werde sein Gebet erhört. In Wahrheit geschieht das aber doch durchaus nicht immer; im Gegenteil, die Erfahrung des vergeblichen Gebetes scheint nur allzu häufig zu sein. Gibt es aber dann einen Gott? .. So gehen die Fragen weiter; arbeiten im Menschen, beunruhigen ihn, machen seine erste Sicherheit irre. Sie können so stark werden, daß sein ganzer Glaube wankt, und er sich selbst wie ein Narr vorkommt, wenn er noch weiter dabei bleibt. Das ist wieder »die Welt« im Sinne des Apostelwortes, der Feind. Und wieder heißt es: Entweder Du oder ich. Entweder diese Welt oder der Glaube.

Also muß gekämpft werden. Und worin würde der Sieg bestehen? Einmal in der Klärung der Probleme selbst. Sie bedeuten Fragen des Verstandes, und die sind gut. Dafür haben wir ja den Verstand, daß er fragt. Er muß es nur richtig tun, ehrlich und sorgfältig. Er muß wirklich nach der Antwort suchen, und auch all die Mühe daran wenden, die an eine wichtige Sache gehört. Dann aber haben solche Probleme noch einen anderen Charakter, nämlich den der Anfechtung, und der ist nicht gut. Eine religiöse Frage kann so beunruhigend, so mächtig, so lähmend werden, daß sie den Sinn des echten Fragens, welches immer ein Suchen nach der Wahrheit ist, verliert, zu einer Macht der Bannung und Zerstörung wird und den Glauben tötet. Das zu erkennen und daraus die Folgerungen zu ziehen ist der Sieg. Ich habe es mehrmals mit angesehen, wie ein Mensch sich mit solchen Fragen herumschlug, sie Macht bekamen und sein ganzer Glaube zu zerfallen begann; eines Tages aber ihm innerlich die Augen aufgingen, der Bann sich löste und er frei wurde. Die Fragen selbst, das, was an ihnen echtes Problem war, blieben; sie hatten aber ihre zerstörende Macht verloren, und Gott hatte sein Recht bekommen. Der Mensch suchte nun ruhig weiter und brauchte seinen Verstand, aber vor Gott. Das war der Sieg, der für den Glauben Raum schuf.

Der Mensch ist ein starkes Wesen — freilich ist er auch wieder schwach, schwach bis zur Erbärmlichkeit, beides. Er ist groß und auch gering; edel und niedrig. Er ist ein rätselhaftes Ineinander von Wert und Unwert. Aber voll Möglichkeiten; Herr von Entscheidungen, die ins Unabsehliche gehen. Er hat Verstand und vermag um die Wahrheit zu ringen; Kunst, und kann Werke voll Sinn und Schönheit hinstellen. Er hat Kraft zu kämpfen und zu erobern, zu ordnen und zu beherrschen. Er ist frei und fähig, innerhalb gewisser Grenzen sein eigenes Leben aufzubauen. Das alles fühlt der Mensch in Ehre und Stolz, und so ist es gut. Dieses Bewußtsein kann aber derart anwachsen, daß er den Maßstab verliert und wähnt, er sei sein eigener Herr. Daß er nicht bloß aufrecht durchs Leben geht, sondern es ablehnt, sich zu beugen; und das nicht vor falschen Herren, sondern vor dem einen, wahren: vor Gott. Für einen solchen Menschen heißt Glauben, sich vor Gott neigen, Ihn anbeten und Ihm gehorchen; das geht aber gegen seinen Stolz. Wenn dieser Stolz die Oberhand bekommt, versteift sich alles, und der Glaube wird unmöglich.

Wieder sind an sich gute Wirklichkeiten — die kämpferische und schöpferische Kraft des Menschen; seine Ehre und sein Herrentum — zur bösen Welt, zum Feind geworden, und er muß, wenn ihm sein Glaube lieb ist, mit diesem Feinde kämpfen. Worin besteht aber der Sieg? Einzusehen — mit dem Innersten des Herzens einzusehen und anzunehmen, daß er nicht sein eigener Herr ist, weil er dazu Gott sein müßte. Jener Stolz ruht auf einer Lüge. Er behauptet zu sein, was er nicht ist. Eine Ehre aber, die aus einer Lüge kommt, ist faul. Er verliert also nichts, wenn er auf sie verzichtet. Im Gegenteil; er kommt in die Wahrheit, und die Wahrheit ist immer gut. Er gibt die falsche Ehre auf und gewinnt die echte. Indem er sich vor Gott neigt, wird er erst wirklich groß. Indem er Gott gehorcht, wird er frei. Wenn er das einsieht, löst sich der Krampf. Alles wird echt und weit. Die Herrschaft Gottes wird ihm kostbar, und das Glauben zu einer Freude.

Es sind noch andere Kräfte im Menschen: die seines Leibes und Gemütes, Triebe und Leidenschaften. Auch die sind an sich gut; Kräfte des Lebens, von denen er gar nicht genug haben kann. Mit ihnen freut der Mensch sich und leidet, wächst und kämpft. Mit ihnen erfährt er sein Schicksal, und mit ihnen meistert er es; denn so, wie er es erfährt, nimmt er auch Stellung, wehrt er sich und faßt er zu. Diese Kräfte strömen ins Werk und in die Tat; sie bestimmen ihre Frische und Lebendigkeit, die Länge ihres Atems und die Fähigkeit der Vollendung. Sie können aber auch einen falschen Weg gehen. Die Leidenschaften können die Oberhand bekommen und die Ordnungen zerbrechen; sich selbst vergiften und häßlich werden. Das Sinnliche — das Wort ganz weit, für die unmittelbare Triebkraft unserer Natur genommen — kann das ganze Gemüt erfüllen, so daß der Mensch ihm verfällt. Dann verliert er den Geschmack an den heiligen Dingen. Sie werden ihm langweilig. Der Sinn für Gott stirbt ab. Die Frömmigkeit wird ihm unangenehm. Er beginnt zu sagen, sie sei gut für die Schwachen, die Zukurz-Gekommenen, die Kranken und Untüchtigen; der gesunde, starke, kämpferische Mensch bedürfe ihrer nicht; ja sie widerstehe ihm.

Das klingt großartig, hält aber vor der Wahrheit nicht stand. »Die Welt« hat sich wieder erhoben, und es ist Zeit für den Kampf. Ein solcher Mensch muß seine Leidenschaften in ihre Grenzen weisen. Er muß erkennen, wie zerstörerisch das werden kann, was an sich fürs Bauen und Schaffen da ist. Er muß einsehen, daß die Kräfte des Lebens, wenn sie die Ordnung verlassen, zu Mächten des Todes, und seine Spannungen, die schön und rein sein sollten, schmutzig und häßlich werden können. Die Leidenschaft hat ein doppeltes Gesicht; er muß auch in das andere blicken: die Schwermut, die Sinnlosigkeit und den Tod. Tut er das; lernt er die Zucht und übt er, wo sie hingehört, die Entsagung, dann stellt sich der Sinn für Gott, der Geschmack am Heiligen wieder ein. Der Glaube, der vorher etwas Dunkles, Drückendes, Lebensfeindliches an sich hatte und unnatürlich zu werden drohte, wird nun frei und groß.

Noch eine andere Feindgestalt gibt es, in welcher die Welt dem Glauben gefährlich wird, vielleicht die tückischste von allen, das ist die Müdigkeit. Das Leben geht so dahin. Jeder Tag bringt seine Erfahrungen, und mehr schlimme als gute. Vieles, was köstlich war, wird alltäglich. Menschen, die einem zuerst originell und schöpferisch vorkamen, zeigen sich als durchschnittliche Leute, deren Reden und Tun in festgelegten Geleisen läuft. Der Mensch erkennt seine eigene Eingeschränktheit. Er hat geglaubt, Großes vollbringen zu können, und sieht, daß es nur zu sehr Mäßigem reicht. Die Erfahrungen des Herzens, von denen es schien, als seien sie unerschöpfbar, müssen ihre Dürftigkeit zugeben. Auf die Stunden der Leidenschaft und des Rausches, die dem Verlangen so allerfüllend schienen, folgen Ernüchterung, Scham und Schwermut; allmählich fühlt das Herz sie schon vorher durch und weiß, daß die Verheißungen trügen werden. Immer muß an Stelle des Wagens und Schaffens die Pflicht treten; je länger aber, desto eintöniger wird sie. Der Mensch erfährt seine eigene sittliche Unzulänglichkeit, immer wieder, in immer neuem Versagen. Er sieht nicht, daß er weiterkommt. Er wagt allmählich nicht mehr, sich etwas vorzunehmen, weil sofort der Gedanke daneben steht: du tust es ja doch nicht. Jeder Tag fordert neue Entsagung. Es wird deutlich, wie viel das Leben versprochen hat und wie wenig es hält. Der Wortbruch des Lebens wird deutlich — ja, es bricht wirklich sein Wort, denn es hat mit der Unendlichkeit jener Verheißung begonnen, die in der Jugend selbst liegt und nie erfüllt wird. So stellen sich allmählich die Müdigkeit, die Entmutigung, der Überdruß, die Leere ein. Sie dringen in den Glauben; nehmen ihm seine Farbe, seine Freude, seine Schönheit. Wozu noch Glauben? Die Worte werden wie verwelkte Blumen, wie schal gewordener Wein. Aus der Wahrheit, daß alles unzulänglich ist und alles vergeht, wird eine böse Macht, ein Gespenst: wieder »Welt«.

Und wiederum gilt es zu kämpfen; einen sehr mühsamen Kampf. Der Sieg aber besteht darin, zur Treue und Weisheit durchzudringen. Über jede Erfahrung der Unzulänglichkeit das »Dennoch« des Strebens aufzurichten. Über jedem Versagen das »Trotzdem« des Ausharrens. Von jeder Enttäuschung sich auf den hinter allem liegenden letzten Sinn zu berufen. Wohl ist das Dasein, wie es ist, und ich bin, wie ich mich nun einmal kenne. Aber Gott hat einen wunderbaren Namen: Er ist der Herr der Geduld. Diese göttliche Geduld ruht auf der Allmacht und auf der Liebe, und vermag, was von der Welt her unmöglich ist. Nun verwandelt sich alles. Die Wirklichkeit bleibt Wirklichkeit, aber sie wird in einen höheren Zusammenhang aufgenommen. Gott hat wieder Recht, und es entsteht der Glaube des mündig gewordenen Menschen, der nicht mehr auf Illusionen ruht, sondern der Wirklichkeit standhält.

So wäre noch manches zu sagen; nur Eines wollen wir aber noch bedenken, weil es besonders wichtig ist und leicht übersehen wird.

Alle Dinge sind von Gott geschaffen; so sind sie auch von seinem Sinn erfüllt. Was ist, besteht nur, weil Er es trägt; so ist alles Seiende von seinem Geheimnis durchwaltet. Die Welt ist geheimnishaft an jeder Stelle. Das fühlt der Mensch. Es kann ihn in der Feierlichkeit des Waldes berühren, unter der schweigenden Weite des Nachthimmels oder vor der Macht des Meeres; im Augenblick des Schicksals, in den Stunden, da ihm ein Werk gelingt oder er der Gemeinsamkeit mit einem geliebten Menschen inne wird. Das ist gut; ja es ist — in einem natürlichen Sinne — heilig und gibt allem Seienden erst seine eigentliche Tiefe, Kostbarkeit und Mächtigkeit. Auch diese Erfahrung kann sich aber verkehren und aus der guten Welt die schlimme machen. Dann nämlich, wenn der Mensch über dem Geheimnis der Welt Den vergißt, dessen Hauch es ist; wenn er das Geheimnis zur Welt schlägt, ihren Schöpfer und Herrn aber draußen läßt.

Ein solcher Mensch kann dann sagen: Ich erlebe Gott im Walde. Ich werde fromm vor dem Gottgeheimnis der Landschaft und der Gestirne. Das genügt mir. Er kann noch weitergehen und sagen: Was da in der Bibel steht, was die in ihren Kirchen tun, und was über den angeblichen Schöpfer und Herrn der Welt gepredigt wird, ist etwas Düsteres und Dumpfes. Wahrhaft fromm ist das, was der gesunde Mensch in der Natur empfindet; was er in seinem Leibe und Gemüte wirken fühlt. Alles andere ist Priesterwerk .. Kommt einer so weit, dann hat sich ihm das Geheimnis der Welt ins Schlimme verkehrt. Womit er es nun zu tun hat, ist nicht mehr der Lebendige Gott, sondern ein Scheinwesen, unwirklich und gefährlich zugleich, das ihn in die Welt hineinzieht.

Oder er sagt: Ich fühle das Geheimnis des Lebens. Das Leben ist selbst heilig. Die Freude hat eine göttliche Flamme in sich. Das Leid tut weh, aber es trägt verborgenen

Sinn. Die Liebe, die Zeugung, die Fruchtbarkeit — das alles ist göttlich, und mehr braucht es nicht. Das Leben in mir und im anderen Menschen, und in der Gemeinschaft und in der Geschichte, und in der Menschheit, über die weite Erde, durch die Jahrhunderte und Jahrtausende hin — das ist »Gott«. Alles andere ist Mißtrauen, Neid, Haß gegen das starke, blühende und fruchtbare, strahlende Geheimnis, das »Leben« heißt . . Wieder hat sich etwas Wahres in Trug verwandelt. Wohl ist Göttliches in alledem. Gott hat es ja geschaffen, erhält und regiert es, durchhaucht es mit dem Atem seines Geheimnisses und macht es zum Bild seiner ewigen Lebendigkeit; aber es ist nicht Gott selbst. Er wäre Gott, auch wenn es kein Menschenleben gäbe. Gott wäre der Lebendige, Ewige, aller Anbetung und Liebe Würdige, auch wenn die Welt zerfiele. Sobald im Menschen eine solche Gesinnung Platz greift, stirbt der christliche Glaube. Er erscheint als etwas Düsteres und Lebensfeindliches, oder als etwas Unnatürliches, das aus kranken Untergründen kommt.

Wieder steht der Feind da und muß überwunden werden. Der Mensch muß die Verführung bezwingen, die aus dem Geheimnis der Natur herdringt; erkennen, daß jenes Geheimnis dem lebendigen Gott gehört, und es Ihm wiedergeben. Er muß den süßen, furchtbaren Bann des Lebens besiegen; nicht um es zu zerstören, sondern um es in die Ordnungen zu stellen, die ihm seinen echten Sinn gewährleisten. Die List eines unendlich mächtigen und fast unverfolgbar heimlichen Gegners ist am Werk, wenn Gott dem Herzen als Feind des Lebens erscheint, und die eingeengte Sehnsucht vor Ihm Widerwillen oder Grauen empfindet. Es ist ein Trug, der durch innere Reinigung, Zucht, Gebet und Arbeit durchbrochen werden muß. Dann vergeht er, und die Wahrheit Gottes wird wieder frei.

Ja jenes Weltgeheimnis kann sich verdichten und Gestalt annehmen, wie das in der Religionsgeschichte immer wieder geschehen ist: es kann zu Göttern werden. Göttern des Himmels, der Sonne, der Erde, der Fruchtbarkeit, des Krieges, der Kultur. Diese Gestalten sind voll Weisheit, Schönheit, Macht und dennoch Feinde; denn die Seele, in die sie einziehen, glaubt nicht mehr an den lebendigen Gott. Vielleicht erwidert man, heute denke doch keiner im Ernst an solche Götter. Nicht an die vergangenen; aber immer wieder können neue erstehen. Die Kultur kann zu einem Gott werden; der Fortschritt, die Macht. Von überall her steigen Götter auf, die zuerst noch keine Gestalt haben, sie aber jederzeit bekommen können; Gestalt und Namen und Tempel und Anbetung. Wo sie einziehen, hat der Lebendige Gott keinen Raum mehr . . Auch hier wird die Welt zum Feind, und der Mensch, dem sein Glaube wert ist, muß sich zum Kampfe rüsten. Er muß das Wesenhafte in jenen Gestalten erkennen; zugleich aber, daß sie Gott die Ehre nehmen und das, was von ihm kommt und zu ihm führen sollte, benutzen, um das Menschenherz zu binden. Daß sie Gestalten des Weltbannes sind, Abgründe der Schwermut und zuinnerst Verzweiflung. Diese Macht muß er brechen und die Ehre, welche die Götter für sich genommen haben, Dem zurückgeben, dem sie gehört. Er muß anbeten lernen; anbeten aus dem Tiefsten des Herzens.

Der Lebendige Gott ist nicht in harmlos-friedlicher Weise da. Wir haben Ihn immer nur als Frucht eines Sieges über die Mächte und Göttlichkeiten der Welt. So viel hat der Glaube an Ihn Raum in uns, als wir den geheimen, verführerischen, gewalttätigen Anspruch des Lebens, selbst unser Gott zu sein, erkennen und enthüllen. So viel erkennen wir den Lebendigen Gott, als wir das Gebot verstehen: »Ich bin der Herr, Dein Gott. Du sollst keine anderen Götter neben mir haben!« Jedem von uns nahen »Götter« und verheißen geheimnisvolle, süße, große Dinge. Dafür aber fordern sie Anbetung. Folgen wir ihnen, dann stirbt unser Glaube. Nur so viel vermögen wir an den Lebendigen Gott zu glauben, als wir sie erkennen und ihnen widersagen.

Damit widersagen wir keinem Ding, das wirklich gut ist. Die Welt bleibt groß; die Natur mächtig; das Leben ernst und herrlich. Die Erde ist nach wie vor die Wurzel unseres Daseins; das Volk Gegenstand unserer Liebe und Treue und jedes Opfers wert. Aber alles kommt in die Wahrheit, indem über ihm die Wahrheit aller Wahrheiten erscheint, nämlich der Lebendige Gott. Unser Ja zu Ihm ist der Glaube.

GLAUBENSGESCHICHTE UND GLAUBENSZWEIFEL

I

Der glaubende Mensch steht im gleichen Dasein wie jeder sonst. Sein körperliches Leben ist aus den Stoffen der Natur aufgebaut und von ihren Kräften durchwirkt. Er lebt in den Gemeinschaften der Familie und des Volkes. Zusammen mit allen anderen steht er in den Ereignissen der Geschichte, arbeitet im wirtschaftlichen, wissenschaftlichen und künstlerischen Leben mit. In seinem Bewußtsein finden sich Träume, Gedanken, sittliche Motive. Vorbilder rechten Lebens und Hoffnungen erfüllten Daseins. Alles ist, wie Menschenleben sonst . . Im Bewußtsein eines solchen finden sich aber auch Gedanken anderer Art. Der vom Vater im Himmel zum Beispiel, welcher alle Dinge erschaffen hat und sie mit seiner vorsehenden Weisheit lenkt; oder von der Erlösung und dem aus ihr hervorgehenden Anfang neuen heiligen Lebens, das sich in der Ewigkeit erfüllt. Diese Gedanken lassen sich nicht auf allgemeine menschliche Erkenntnisse und Erlebnisse zurückführen — wenigstens nicht, solange man sie in ihrem eigentlichen Sinne nimmt. Die Wahrheit, die sie zutiefst meinen; die Gesinnung, die aus ihnen spricht; die Lebensführung, zu welcher sie rufen, führen zuletzt auf eine bestimmte Gestalt zurück, nämlich Jesus Christus. Er erhebt den Anspruch, die lebendige Offenbarung des verborgenen Gottes, der Erlöser aus der Verlorenheit und der Bringer des neuen Lebens zu sein . . Der Mensch, von dem wir sprechen, ist in irgendeiner Weise an Jesus Christus geraten. Entweder unmittelbar, indem er sich selbst in die ersten Quellen vertieft hat, die von Jesus berichten; oder durch Andere, die ihm sein Bild und seine Lehre vermittelt haben. Er ist überzeugt, Christus sei die wahrheit- und heilbringende Gestalt einfachhin; erst von Ihm her lichteten sich die Rätsel des

Daseins; nur aus seinem Geiste seien die sittlichen Aufgaben zu bewältigen und Er allein gewähre die letzte Bergung des Herzens. Das Leben eines solchen Menschen bildet nun ein Ganzes, worin sich zwei Welten begegnen und einander durchwirken: das natürliche Dasein mit seinen Wirklichkeiten — und alles, was sich an Wahrheit und Weisheit in Christus kundtut und an Kraft durch Ihn mitteilt. Dieses Ganze wollen wir »den Glauben« nennen.

Er bildet eine sehr hoch organisierte Lebenseinheit — wenn es wirklich ist, was er zu sein beansprucht, müssen wir sagen, die höchste schlechthin. Er ist voll von Ideen, Werten, Kräften; hat eine große Sinnmacht und gibt eine Sicherheit, die alle anderen Lebenssicherheiten übersteigt. Zugleich ist er aber, wie jedes hochorganisierte Leben, verletzlich — ja, er ist das in einer ganz besonderen Weise. Wenn wir bedenken, wie die Botschaft Christi den Menschen unter Gottes Kritik stellt; von ihm fordert, daß er seine Gesinnung ändere; verlangt, daß er vieles aufgebe, woran seine Natur hängt, und suche, was ihm zunächst fernliegt, dann ist von vornherein klar, daß sich das alles nicht in der Form ruhig-natürlicher Entwicklung, sondern nur in immer neuen Entscheidungen und Überwindungen vollziehen kann. Glaube ist echtes Leben, ja das Leben im endgültigen Sinn; so wird er immer wieder durch Krisen hindurchgehen, die nicht nur Einzelnes in ihm, sondern auch sein Ganzes, seinen Sinn und seine Möglichkeit betreffen.

II

Fassen wir einige solcher Glaubenskrisen ins Auge. Das religiöse Leben jedes Menschen ist mit dem Anderer verbunden. Fast immer geht es ja doch so, daß sich der Glaube des Einen an dem eines Anderen entzündet: der Mutter, des Vaters, eines Lehrers, eines Freundes. In der inneren Welt fast jedes Menschen stehen Gestalten, mit denen er besondere Glaubensgemeinschaft hat. Er stützt sich auf sie mit seiner Überzeugung; empfängt von ihnen Antrieb und Weisung; vollzieht in irgendeiner Weise ihr Glaubensleben mit. Das ist gut und richtig, denn »der Mensch ist dem Menschen Weg zu Gott«. Eine solche Beziehung kann sich aber auch lockern: der Heranreifende löst sich von den Eltern, tritt vielleicht zu ihnen in einen Gegensatz; er wächst allmählich über den Lehrer hinaus, zu dem er vorher aufschaute; er kommt mit dem Freunde, mit dem er so eng verbunden war, innerlich auseinander; die verehrte und bewunderte Meistergestalt zeigt Fehler und verliert so die einstige verbürgende Kraft. Alle diese Entfremdungen wirken höchstwahrscheinlich auf den Glauben selbst zurück. Der Enttäuschte und einsam Gewordene sieht Schwierigkeiten, die er vorher nicht sah, Unbefangenheit und Sicherheit werden erschüttert; die Kritik rührt sich, und die Frage erwacht, ob denn das bisher Geglaubte wahr sei.

Diese Frage kann, je nach der Sinnesart des betreffenden Menschen und nach der Wahrheit, auf die sie sich besonders richtet, sehr verschiedene Formen annehmen. Im Letzten liegt ihr die Tatsache zugrunde, daß sich der Bau des Glaubensverhältnisses selbst geändert hat. Der Mensch hat sich von den Persönlichkeiten, mit denen zusammen er seinen Glauben glaubte, gelöst und muß sich nun auf eigene Füße stellen. Abgesehen von den besonderen Einzelfragen, die natürlich ihre Antwort wollen, hat diese Krise also einen sehr genauen Sinn: sie zeigt an, daß der Mensch religiös selbständig werden soll. Will er das nicht, fürchtet er die Verantwortung, dann verdichtet sie sich, und der Glaube wird erschüttert. Scheinbar sind es diese oder jene Probleme, an denen er zerbricht. Der Betreffende wird sagen, er habe ihn aus wissenschaftlichen oder ethischen oder welchen Gründen sonst aufgeben müssen. In Wahrheit hat er es nicht fertig gebracht, allein zu stehen; und seine neuen Ansichten zeigen, daß er von irgend jemand sonst abhängig geworden ist.

Etwas Ähnliches ergibt sich auch aus dem Verhältnis zur Umwelt. Wenn ein Kind in ganz gläubiger Familie, vielleicht sogar in einem Lande aufwächst, wo alles die gleiche Überzeugung hat, dann ist es ebenfalls ganz selbstverständlich gläubig. Es weiß gar nicht, wieviel davon aus der Atmosphäre der Familie oder aus der Kultur der Heimat kommt. Wenn es aber herangewachsen ist und seine Familie verläßt, oder in ein anderes Land geht, kann alles ins Wanken kommen. Der Mensch hat dann das Gefühl, die

Dinge mit neuen Augen zu sehen. Seine bisherige Haltung kommt ihm kindisch und zurückgeblieben vor. Das drückt sich in den Worten aus, er sei nun erwachsen, wisse mit dem Leben Bescheid, müsse mit der Zeit gehen und so fort. In Wahrheit liegt die Sache ganz anders. Bis jetzt war nicht eigentlich er es, der glaubte, sondern seine Familie in ihm, sein Land um ihn her. Nun ist es Zeit, zur Persönlichkeit im Glauben zu werden. Er ist aufgefordert, die Verantwortung seiner Christlichkeit selbst auf sich zu nehmen, und die Entscheidung fällt danach, ob er dazu bereit ist. Ob er den Ernst hat, der dazu gehört; ob er die Kraft zum Alleinstehen hat und die Anstrengung auf sich nimmt, die das kostet; ob ihm die Sache des Glaubens wichtig genug ist, um die nötige Zeit an sie zu wenden.

Die Botschaft des Glaubens ist an sich rein göttlicher Art. Sie spricht von Dingen, die über aller Wissenschaft stehen, wer Gott sei, und welche Gesinnung Er uns gegenüber habe; wie es in seinen Augen mit uns stehe; was Sünde und Erlösung, Gnade und neue Schöpfung bedeuten. Sobald aber der Mensch diese Wahrheiten denkt, finden sie ihren Ausdruck in natürlichen Vorstellungen: von der Welt, vom Menschen, vom Leben. So ist die göttliche Wahrheit eng mit menschlichen Gedanken verschmolzen. An sich richtet sich der Glaube auf die göttliche Botschaft; zugleich aber, da er ja keine besondere Abteilungen machen kann, auch auf das natürliche Dasein. Beides bildet eine tiefverwobene Einheit. Wenn nun die menschlichen Vorstellungen erschüttert werden oder in Umbildung geraten, muß das auf den Glauben selbst zurückwirken. Einige Beispiele mögen das verdeutlichen.

Der Glaube an den lebendigen Gott, den Schöpfer und Vater, meint eigentlich Ihn, wie Er in sich ist. Nun verbindet aber jeder Mensch die Gotteswirklichkeit mit einem Bild. Das ist für das Kind vor allem der eigene Vater, nur ins Geheimnisvoll-Große erhoben; oder ein Mensch, dessen Autorität es sehr verehrt; oder auch irgendeine Vorstellung von Majestät sonst, die sich in der kindlichen Erfahrung findet. Es wächst nun heran, und allmählich paßt jenes Bild nicht mehr zu seiner neuen Art, zu empfinden und zu denken. Auch der natürliche Vorgang der Loslösung von den

Eltern spielt mit hinein; die Oppositionsgefühle gegen die Autoritäten der kindlichen Welt u. a. m. Von daher kann auch der Gottesglaube selbst ins Wanken kommen. Sehr oft merkt der Beteiligte selbst es gar nicht. Er glaubt, er habe begründete philosophische oder sonstige Zweifel. In Wahrheit ist das tragende Bild zerbrochen. Die Aufgabe besteht also im Grunde darin, ein neues Bild zu finden, das besser trägt; vielleicht sogar ohne Bilder auszukommen.

Oder der Glaube an die Schöpfung. Das Kind hört etwa von den sieben Tagen des Schöpfungsberichtes und nimmt sie wörtlich. Dann wächst es heran, tritt ins allgemeine geistige Leben der Zeit ein, und nun sagt ihm die Naturwissenschaft, die Welt sei außer allem Vergleich älter, ihr Werden habe sich in ungeheuren Zeiträumen vollzogen und dergleichen mehr. Dieser Einwand richtet sich gegen eine Hilfsvorstellung des Glaubens; der junge Mensch empfindet sie aber leicht als gegen die Tatsache der Schöpfung selbst gerichtet, und die Wahrheit des Glaubens scheint ihm in Frage gestellt. Er muß also erkennen, daß die Schöpfungswoche symbolisch gemeint ist, und ihren Sinn in der Ordnung des Menschendaseins und der Heiligung des Herrentages hat. Geschieht das nicht; wird ihm nicht gezeigt, wie die Dinge liegen, oder wendet er darauf nicht jene Sorgfalt, die er zum Beispiel auf jede Frage seiner Berufsausbildung zu wenden bereit ist, dann zerbröckelt das Ganze. Er meint, den Glauben der Kinderzeit abgestreift zu haben, da er der Wissenschaft widerspreche; in Wahrheit hat er nicht getan, was er überall sonst tut, nämlich die ungeeignet gewordenen kindlichen Vorstellungen durch richtige ersetzt.

Hierher gehören auch die eigentlich wissenschaftlichen Schwierigkeiten. Die Forschung hat gegen die Offenbarung eine Reihe von Einwänden erhoben, die sehr nachdenklich machen und den Glauben aufs schwerste erschüttern können. Bei einem wissenschaftlichen Einwand geht es um die Wahrheit. Sobald er mich erfaßt hat — richtig erfaßt, nicht nur so irgendwie gestreift —, kann ich ihn nicht einfach auf sich beruhen lassen, das verbietet das Gewissen. Anderseits spricht aber das gleiche Gewissen für den Glauben, und so entstehen die schmerzlichsten Konflikte.

Im vergangenen Jahrhundert schienen z. B. die Wesensgleichheit zwischen Mensch und Tier zeitweilig so klar erwiesen, daß mancher denken konnte, die christliche Schöpfungslehre sei erschüttert. Heute haben jene scheinbaren Beweise sehr an Kraft verloren, und wer aus der Geschichte zu lernen vermag, nimmt das als Warnung, Behauptungen der Wissenschaften höher einzuschätzen, als sie verdienen. Für jene aber, die in der Zeit steckten, war die Frage sehr schwer .. Entsprechendes gilt etwa von den geschichtlichen Anschauungen über die Entstehung der Heiligen Schrift. Die gleiche Zeit, welche überzeugt war, der Mensch habe sich aus dem Tier entwickelt, glaubte auch bewiesen zu haben, das Neue Testament sei sehr spät entstanden und aus allen möglichen geschichtlichen Voraussetzungen zusammengeflossen. Auch hierin sehen wir heute klarer; damals konnte die Frage aber sehr beunruhigend werden .. Diese und ähnliche Probleme hörten auf, bedrängend zu sein, als die wissenschaftliche Situation sich verschob. Was sich verschob, war aber auch die des gläubigen Denkens. Die Schwierigkeiten kamen nicht nur daher, daß die Wissenschaft sich in den Tatsachen irrte und falsche Theorien aufstellte, sondern auch, daß das christliche Denken Dinge für glaubenszugehörig ansah, die es nicht waren; der Forschung nicht genug Raum ließ, und Ansichten, die aus wissenschaftlichen Theorien früherer Zeit stammten, für Bestandteile des Glaubens hielt. Es ist nicht nur falsch, sondern auch gefährlich, nur »die ungläubige Wissenschaft« für solche Konflikte verantwortlich zu machen. Der unerleuchtete und träge Glaube sind es auch; ja, weil der Glaube ganz anders zur Demut und Hingabe verpflichtet ist, noch mehr. .

Eine Annahme des Verstandes wird durch einen ernsten Einwand so stark in Frage gestellt, daß der betreffende Sachverhalt nicht als sicher vertreten werden darf, solange der Einwand nicht widerlegt ist. Der Glaube ist aber etwas anderes. Er ist ein Verhältnis des ganzen Menschen zum Lebendigen Gott: des Verstandes und des Willens, der Gesinnung und des Gemütes, der Lebensordnung und der Hoffnung. Scheint dieses Ganze an einer Stelle erschüttert, dann muß das Übrige um so stärker tragen. So ist es ja auch im Menschlichen. Wenn ich mit Einem in Freundschaft verbunden bin, und sich gegen ihn ein ernsthafter Einwand erhebt, so ist das schmerzlich; es wäre aber unrecht, daran das Ganze zerbrechen zu lassen. Es wird sich vielmehr darum handeln, ob das grundsätzliche Vertrauen imstande ist, jene Schwierigkeit mitzutragen. Der Glaube geht aus der Mitte des Menschenwesens zu Gott. Er ist überzeugt, daß eine wirkliche wissenschaftliche Wahrheit der Wahrheit der Offenbarung nicht widersprechen kann. So muß er Schwierigkeiten stehen lassen können. Und manche Fragen vollends gibt es, die überhaupt nicht dafür da sind, gelöst, sondern getragen zu werden, weil sie der Ausdruck unseres in der Vorläufigkeit und im Widerspruch stehenden Menschendaseins sind.

Das Glaubensleben ist auch aufs engste mit dem Sittlichen verbunden. Glaube ist keine theoretische Überzeugung, neben welcher Gesinnung und Tun ihren eigenen Weg gehen könnten. Er richtet sich ja gerade auf das innere Umwerden nach Gottes Willen. Geschieht das nicht, oder allzuwenig, dann entsteht ein Widerspruch zwischen Tun und Glauben, der diesen allmählich zum Zerfallen bringt .. Auch ist der Glaube zutiefst Gehorsam; Gehorsam gegen die offenbarende Majestät Gottes. Wenn aber der Mensch das sittliche Gebot dieses gleichen Gottes nicht hält, dann wirkt dieser sittliche Ungehorsam auf den des Glaubens zurück. Bis zu einem gewissen Grade kann der Glaube den Ungehorsam sozusagen verdauen, vor allem, indem er sich vor Gott schuldig bekennt und bereut. Von hierher gesehen, ist die Reue geradezu das beständige Fertig-werden des Glaubens mit der Gefahr, die ihm aus dem Ungehorsam droht. Wenn der Ungehorsam sich aber verfestigt; wenn der Mensch Dinge, von denen er weiß, daß sie dem Willen Gottes widersprechen, einfachhin nicht lassen will, oder andere, die er soll, einfachhin nicht tut, dann spitzt sich die Lage zu. Eine Zeitlang besteht beides nebeneinander her; schließlich erträgt der Mensch den Zustand nicht mehr und läßt den Glauben fallen.

Vorher aber drückt die Spannung sich in Bezweiflungen der Glaubenswahrheit aus, mit welcher sich Wille und Gesinnung in Widerspruch befinden. Solche Zweifel haben eine unmittelbar sittliche Wurzel. Sie suchen den Willen zu rechtfertigen. Ein Mensch sagt dann etwa, das Christentum sei lebensfeindlich; in Wahrheit will er aber seine Sinnlichkeit nicht in Ordnung bringen. Ein Anderer erklärt, das Christentum widerspreche der Wissenschaft; in Wahrheit hat er aber sein Gebetsleben verkommen lassen.

Derart wäre noch vieles zu sagen. So viel ist aber wohl klar geworden, daß Glaubenskrisen nichts Einfaches sind. Nur sehr selten bedeuten sie einfache Unsicherheiten des Verstandes, wie sich dieses oder jenes in der christlichen Lehre verhalte, oder ob eine bestimmte Aussage der Schrift zutreffe. Wo sie nur das bedeuten, sind sie bald behoben. Daß es sich in der Regel um mehr handelt, zeigt der ganze Charakter des Zustandes. Wenn man mit vielen Menschen über Fragen des Glaubens redet, bemerkt man bald, daß das Gewicht ihrer Einwände den Folgerungen, die sie daran knüpfen, nicht entspricht. Diese Einwände haben meist eine eigentümliche Überwertigkeit. Sie sind von einer Erregung, oder einer Bitterkeit, oder einem Trotz erfüllt, die auf Tieferes zurückweisen, als die Gründe, die sie vorbringen — um so mehr, als diese Gründe selber meistens aus der geistigen Allerweltssprache stammen. Der Glaubenszweifel deutet fast immer auf innere Umlagerungen hin, und der Mensch, dem an seinem religiösen Leben liegt, hat die Aufgabe, das zu erkennen — ebenso wie jene, die für ihn Sorge tragen, die Aufgabe haben, ihm dabei zu helfen.

Die Kirche sagt, der so Bedrängte dürfe den Glauben nicht für eine Zeitlang dahinstellen. Dieser Satz kann im Einzelfall sehr hart empfunden werden, ist aber richtig. Er geht von der Überzeugung aus, daß der Glaube nicht nur, und nicht einmal in erster Linie vom Menschen, sondern von Gott getragen wird; dessen Macht aber dem Menschen helfe, wenigstens so viel zu sehen und so stark verbunden zu bleiben, daß er ausharren könne . . Dann aber spricht er auch aus der Erkenntnis, daß der Mensch nicht nur mit dem Verstande — also mit dem Teil seines Wesens, den der Zweifel gerade angreift — glaubt, sondern mit seinem lebendigen Ganzen; mithin die Möglichkeit hat, den Schwerpunkt des Glaubens tiefer, oder anderswohin zu legen und von dorther die Schwierigkeit zu tragen, bis sie sich löst. Ist der Zweifel allerdings so tief gedrungen, daß das Wahrheitsgewissen kein Ja mehr zuläßt, dann steht die Sache anders. Auch hier kann man aber nur raten, der Mensch möge nicht zu schnell Zusammenhänge zerstören, welche den tiefsten Sinn des Daseins betreffen. Es gibt eine Tugend, die in allen Dingen des Lebens von letzter Wichtigkeit ist: die Geduld. Sie ist es auch hier.

Im übrigen muß noch auf etwas hingewiesen werden, das für jeden Menschen gilt: das Verhältnis seines Herzens zu Gott ist zwiespältig. In ihm ist die Sehnsucht nach Gott, das Verlangen nach Seiner heiligen Wirklichkeit — zugleich aber auch die Abneigung, das Mißtrauen, die Gereiztheit, die Revolte. Das ist es, was dem Glaubenszweifel seine letzte und eigentliche Gefährlichkeit gibt. Dessen innerster Antrieb ist die Feindseligkeit gegen Gott. Das müssen wir wissen.

So gehört in jede Auseinandersetzung mit dem Zweifel das Gebet. Das wichtigste Gebet aber besteht darin, sich innerlich vor Gott zu stellen; die Auflehnung wegzutun; die verborgene Gereiztheit zu lösen; sich zur Wahrheit bereit zu machen; sich dem heiligen Geheimnis Gottes zu öffnen und immer wieder zu sprechen: »Ich will die Wahrheit. Ich bin zu ihr bereit; auch zu dieser, die mir zu schaffen macht, wenn sie wirklich Wahrheit ist. Gib mir Licht, daß ich erkenne, wie es mit ihr — und mit mir selbst zu ihr steht.«

III

Endlich soll noch von einer besonderen Art von Glaubenskrisen die Rede sein; jenen nämlich, die sich aus der inneren Entwicklungsgeschichte der Persönlichkeit selbst ergeben.

Der Glaube ist die Verbundenheit des lebendigen Menschen mit dem sich offenbarenden Gott. Dieses Wesentliche ist immer gleich. Da er aber selbst Leben ist, wechselt sein Charakter mit der Art des Menschen, um den es sich da handelt. Die Weise, wie die christliche Frühzeit glaubte, war eine andere als die des Mittelalters; diese wieder unterschied sich von der der Neuzeit. Der Bauer glaubt nicht in der Art des Städters; ein Offizier nicht wie ein Künstler oder Gelehrter. Die Wesensart des Mannes kommt im

Glauben ebenso zum Ausdruck, wie die der Frau; das nämliche gilt von den verschiedenen psychologischen Typen wie von Völkern und Stämmen. Ja die Haltung des Glaubens verändert sich sogar im Laufe der Entwicklung, welche der gleiche Mensch durchmacht; denn das Kind unterscheidet sich hierin sehr tief vom jungen Menschen, dieser wieder vom reifen, und wieder anders ist der Glaube des Alters.

Die menschliche Entwicklung verläuft nun nicht gleichmäßig, sondern in Abschnitten. Der Seelenzustand des Kindes etwa geht nicht gleichmäßig in den des jungen Menschen über, und der wieder in den des reifen, sondern Kind, junger und gereifter Mensch zeigen jeweils eine ausgeprägte Gestalt. Diese Gestalten wandeln sich nicht ineinander um, sondern lösen einander ab. Genau gesagt, ist es vielleicht so: die erste entwickelt sich, drückt sich im Denken, im Empfinden, in der Weise, mit Dingen und Menschen umzugehen aus. Unterdes bereitet sich die neue Form vor, wartet unter der ersten, um dann mehr oder weniger rasch durchzubrechen und das ganze Dasein zu bestimmen. Es handelt sich also jedesmal um einen Umbau, manchmal sogar um einen mehr oder weniger heftigen Umbruch der ganzen Lebensform. Anderseits ist es aber doch wieder dieses gleiche Leben, was sich da vollzieht. Was früher erfahren, gelernt, angeeignet wurde, ist noch da und trägt den Charakter des vergangenen Lebensabschnittes. So entstehen Spannungen, Verwicklungen, Vieldeutigkeiten, Widersprüche: die Entwicklungskrisen. Da es nun kein abstrakter Mensch ist, der glaubt, sondern der wirkliche, lebendige, dieser hier, wirken sich diese Umlagerungen auch im Glauben selbst aus und werden zu Glaubenskrisen, welche für die jeweilige Altersstufe charakteristisch sind.

Wir versuchen nun, diese Krisen zu zeichnen; müssen aber eines vorausschicken. Was wir hier geben können, ist nur ein allgemeines Bild, das im einzelnen nie rein zutrifft. Jeder Mensch ist ein Besonderer und fügt sich daher nie ganz in das Schema. Sowohl der allgemeine Gang der Entwicklung wie auch ihre Abschnitte und Umbrüche gehen verschieden vor sich. So kann das, was wir sagen, immer nur annähernd richtig sein.

Das Besondere des kindlichen Daseins kann man vielleicht so ausdrücken, daß man sagt, es sei ganz Wachstum; verletzlich und noch nicht imstande, sich zu wehren und durchzusetzen. So baut das Leben eine Schutzhülle um es her. Diese besteht zunächst in der Fürsorge der Eltern, wie auch jener, die es sonst noch betreuen, überhaupt in der Haltung, welche der Erwachsene unwillkürlich dem Kinde gegenüber einnimmt. Ihren räumlich-gegenständlichen Ausdruck findet diese Fürsorge in der Abgeschlossenheit und Geborgenheit des Hauses. So bleiben dem Kinde Kampf, Gefahr, Ernst im Sinn des erwachsenen Menschen fern. Jene Schutzhülle besteht aber auch und vor allem in der Art, wie es selbst denkt und fühlt. Das Kind empfindet die Wirklichkeit anders als der gereifte Mensch. Spiel und Ernst, Wirklichkeit und Phantasie, Symbol und Ding gehen für es ineinander und bilden so eine eigene, von der des Erwachsenen unterschiedene und in sich geschlossene Welt. Den gleichen Charakter hat auch der Glaube des Kindes. Die göttliche und die irdische Wirklichkeit; die Gestalten des Glaubens und der umgebenden Menschen; heilige Lehre, Legende und Märchen — alles geht zu einer sich wechselseitig durchwirkenden Einheit ineinander. Kritik und Angriff bleiben fern. Die Kämpfe des Denkens und des Lebens im eigentlichen Sinne haben noch nicht begonnen.

Damit soll nicht gesagt sein, das Kind lebe in einer Atmosphäre des Friedens und Glücks. Es hat Schmerzen, seelische Nöte und Ratlosigkeiten. Vor allem ist es von viel Angst bedrängt. Alles ist aber doch in eine kleine, übersehbare Welt eingeschlossen, worin Außen und Innen, Wirklichkeit und Traum einander durchdringen. Den gleichen Charakter hat auch sein Glaube.

Die Krise kommt aus dem Erwachen des Triebes. Der lebt auch im Kinde, aber gebunden. Er träumt. Nun tritt er offen hervor. Sobald das geschieht, geht das Kind nicht mehr in der umhütenden Umwelt auf. Es entzieht sich ihr. Das Unendliche regt sich; die Grenzenlosigkeit der Sehnsucht, die Unbestimmtheit der Hoffnungen, das Unmaß der Träume. Damit ist das reifende Kind den Eltern und Lehrern entzogen, anderswo. Zugleich erwacht der Eigenwille und das Geltungsbedürfnis der Persönlichkeit. Und daß die Kraft noch gering, der innere Bau noch unsicher ist, macht das Geltungsbedürfnis nur um so heftiger. Der Trieb drängt, die Kindeswelt zu sprengen und die Weite des Lebens zu gewinnen; das Geltungsverlangen treibt zur Auflehnung gegen die bis dahin unbestrittenen Autoritäten, sucht Freiheit, Ehre, Macht. Das macht sich auch im Glauben geltend. Der nach dem unendlichen Leben verlangende junge Mensch hat das Gefühl, vom Glauben, welcher noch durch die kindliche Erfahrungsform geprägt ist, eingeengt zu werden. Der nach Geltung und Selbständigkeit, nach Tat und Ehre drängende junge Mensch fühlt sich durch die religiösen Mächte unterdrückt. Um so mehr, als der natürliche Gegensatz zur voraufgehenden Generation hereinwirkt und der Widerstand gegen diese sich mit dem Widerstand gegen die geltenden religiösen Vorstellungen verbindet. So entsteht eine charakteristische Art von Glaubensschwierigkeiten. Sie kleiden sich oft in gedankliche Form philosophischer Art, oder sozialer, oder welcher sonst. Das eigentlich Treibende in ihnen ist aber der Wille des heranreifenden jungen Menschen, Raum zu bekommen für seine neue Existenz, die so ganz anders gebaut ist, als die kindliche, in welcher seine bisherigen Glaubensvorstellungen geprägt worden sind.

Und nun kommt sehr vieles auf die Einsicht und den Takt eines Lehrers, eines Geistlichen, eines älteren Freundes an. (Eltern sind meistens machtlos, da das Kind sich an sie, zu denen es in einem so tiefen, es selbst beunruhigenden Widerspruch steht, am letzten wendet.) Er muß dem jungen Menschen zur Einsicht helfen, daß er mit seinem heranwachsenden Dasein in den Vorstellungen des Glaubens Raum hat; und daß dessen Ordnungen sein hinausdrängendes Leben nicht nur in Zucht nehmen, sondern ihm Festigkeit und Erfüllung gewährleisten.

Gelingt der Umbau, dann entsteht eine neue Form des Glaubens: die des jungen Menschen. Sie ist von zwei Haltungen beherrscht: dem Unendlichkeitsgefühl des durchgebrochenen Lebens und der Zuversicht der zu sich selbst erwachten Persönlichkeit. Es ist eine idealistische Gläubigkeit; schön, großmütig, leuchtend, ebendamit freilich auch von Enttäuschungen jeder Art bedroht. Sie hat eine wichtige Aufgabe im Leben. Das meiste von dem, was sich darin an Kühnem und Edlem verwirklicht, beginnt hier. Zugleich drohen freilich auch voreilige Entschlüsse; Festlegungen, welche die eigene Kraft überschätzen und Bindungen, die des eigenen Wesens noch nicht mächtig sind.

Langsam senkt sich dann der Bogen des Lebens. Der Charakter des Unendlichen, die grenzenlose Zuversicht mäßigt sich, und etwas Neues geschieht: die Wirklichkeit des Daseins dringt durch. Der jugendliche Mensch sieht diese Wirklichkeit, so wie sie ist, noch nicht. Ihm ist die Idee wirklicher als das Ding; das eigene Gefühl wirklicher als die sozialen und geschichtlichen Zustände um ihn her. Das wandelt sich jetzt. Die Welt zeigt sich in ihrer Härte, und es entsteht der Eindruck, als ob der Glaube, dessen Vorstellungen ja noch von der Lebensform der Jugend her bestimmt sind, etwas Unwirkliches an sich habe. Der Mensch fühlt, wie zäh die Wirklichkeit ist, die äußere und die innere. Anfangs hat sein Idealismus immer wieder die Mißerfolge überwunden; nun muß er zugestehen, wie wenig er erreicht hat; wie schwer es ist, am eigenen Charakter etwas zu ändern, und wie unbeweglich die Zustände des Daseins sind. So muß ihm der idealistische Wille, zur Vollkommenheit durchzudringen und die Welt aus dem Glauben heraus umzuformen, als etwas Verstiegenes und Unreifes vorkommen.

Auch aus dieser Krise entstehen ganz bestimmt geartete Glaubensschwierigkeiten. Bei aller Verschiedenheit des Inhaltes im einzelnen scheinen sie eines gemeinsam zu haben: der älter werdende Mensch beginnt vor der Härte des Daseins die Welt der Offenbarung als unwirklich, ihre Forderungen und Ziele als phantastisch zu empfinden. Es sind die Zweifel des Realismus.

Und wieder geht es um eine Entscheidung: ob der allgemeine Umbau des Daseins sich auch im Religiösen richtig vollzieht; die Glaubensinhalte aus der jugendlich-idealistischen Form herauslöst und in die von der Wirklichkeit bestimmte Denkweise der neuen Lebensstufe übersetzt werden. Gelingt das, dann entsteht der Glaube des mündigen Menschen, des Mannes und der Frau. Das, was man den Charakter im Glauben nennen kann. Es ist jene Glaubenshaltung, deren Wesen nicht in der Begeisterung und der unendlichen Möglichkeit, sondern im Standhalten vor der Wirklichkeit besteht; welche die Schwierigkeiten kennt, um die Verantwortung weiß und die Treue nicht aus dem Gefühl, sondern aus dem Charakter aufbaut.

Auch diese Form ist aber nicht endgültig, denn das Leben geht weiter. Wenn wir recht sehen, wird das charakteristische Merkmal nun das der täglichen Mühsal; des beständigen Kampfes mit der Zähigkeit des Daseins — welche Mühsal und welcher Kampf eine besondere Schärfe daher bekommen, daß die Lebenskraft langsam nachläßt. Die innere Quelle strömt nicht mehr wie früher. Die Fähigkeit der Erneuerung wird schwächer. Die Ereignisse wiederholen sich. Die Erinnerung verzeichnet ein Versagen nach dem anderen. Immer mehr müssen Wille und Treue an Stelle der Zuversicht und schöpferischen Kraft treten. Es ist auch die Zeit, in welcher Arbeit und Verantwortung sich häufen und eine dauernde Überanstrengung fühlbar wird. Immer stärker fühlt der Mensch, daß er ertragen, ausharren muß. Der große Horizont, der aus dem ansteigenden Leben entstand, verengt sich. Das Unabsehliche verschwindet. Die Reserven werden kleiner. Der Mensch sieht, was noch möglich ist. Aus alledem entsteht das Gefühl der Müdigkeit, des Überdrusses und der Vergeblichkeit.

So meldet sich die Gefahr, alles, was über das Nächstgegebene hinausgeht, auf sich beruhen zu lassen. Eine Neigung, die täglich zu erfüllende Pflicht für wesentlicher anzusehen als den Gedanken an die Ewigkeit. Das Gefühl, die Kinder und mit der Zeit die Enkel, das Vermögen und seine Vermehrung, die täglichen Freuden und Leiden — das sei das allein Wichtige. Diese Gefahr wirkt sich auch im Glaubensleben aus und bringt, ganz allgemein gesagt, die Gefahr der Skepsis. Alles, was es im christlichen Dasein an Relativitäten gibt: die Bedingtheiten durch die Geschichte und das soziale Dasein; die Menschlichkeiten und Mehr-als-Menschlichkeiten der Kirche; die Mängel der Einrichtungen und die Unzulänglichkeiten der Personen, alles das tritt scharf ins Bewußtsein. Der Blick sieht überall »hinter die Kulissen«, und eine Illusion um die andere fällt. Die Zähigkeit der menschlichen Natur, im eigenen Sein wie in den allgemeinen Zuständen, erzeugt ein Gefühl des Fatalismus: »Alles ist, wie es ist, und die Mächte, von denen der Glaube redet, können daran nichts ändern. Die Welt ist stärker als die Gnade — wenn es überhaupt eine Gnade gibt, und sie nicht in einem subjektiven Erlebnis besteht. Rechnung, Macht und List vermögen mehr als Frömmigkeit.« Gott scheint fern zu rücken; unwirklich und ohnmächtig zu werden. Der Glaube droht sinnlos zu werden und einfach abzufallen. Wieder stellt sich eine Entscheidung, und wird eine Umformung nötig: die auf das Alter hin.

Es war bereits von der Art die Rede, wie das menschliche Leben sich verwirklicht. Es bildet einen Gesamtzusammenhang, worin jede Einzelerscheinung die Folge der voraufgehenden und die Ursache der nachfolgenden ist. Insofern haben die verschiedenen Perioden ihren Sinn nicht in sich selber, sondern im Ganzen. Überall laufen Zusammenhänge, jedes setzt sich in alles fort. Die Kindheit ist der Anfang; die Jugend der vollere Durchbruch; in der Reife nimmt das Leben von sich selbst Besitz; im Alter zieht es seine letzten Konsequenzen, um dann zu enden . . Das Leben hat aber auch einen anderen Anblick, und der ist ebenso wahr wie dieser. Danach bilden die einzelnen Lebensalter[1] geschlossene Gestalten; gleichsam kleine Lebensläufe in sich. Als solche entstehen sie nicht aus dem Voraufgehenden, sondern ihr Beginn ist eine Art Geburt, welcher ein Sterben vorausgeht. Die Kindheit stirbt wirklich, damit die Jugend werden könne; und wie wirklich der Tod der Jugend ist, weiß der mündig Gewordene. Jedesmal ist es der ganze Mensch, der in einer solchen Gestalt steht, nur von einem besonderen Charakter bestimmt. Die Kraft dieser Gestalt ist sehr groß; so groß, daß sie das Ganze des Menschenlebens in sich festzuhalten strebt. Zuweilen geschieht das wirklich, und es entsteht etwa der niemals erwachsene, »infantile«, oder der ewig jünglingshafte und schwärmende Mensch; oder wieder jener, der bis zum Ende in der Rastlosigkeit des mittleren Alters bleibt und nie zur Ruhe kommt. Wenn man aber fragt, welches dieser

[1] Vgl. dazu meine Schrift »Die Lebensalter. Ihre ethische und pädagogische Bedeutung« (Würzburg [6]1962).

beiden Elemente des Daseins wichtiger sei, so kann die Antwort nur lauten, sie seien beide wesentlich. Das Ganze des Lebens entsteht dadurch, daß jede einzelne Gestalt sich kraftvoll verwirklicht; anderseits ist jede dieser Sinngestalten nur echt, wenn sie richtig im Ganzen steht; den Menschen zur rechten Zeit losläßt und der nächsten Raum gibt.

Was bedeutet in diesem Sinne das Alter? Man geht bei seiner Bestimmung wohl am besten von dem aus, was für die voraufgehende Stufe das Wichtigste war, nämlich dem Erlebnis der Wirklichkeit. Mit dieser Wirklichkeit geschieht etwas Eigentümliches: ihre Härte lockert sich, und zwar durch das Erlebnis der Vergänglichkeit. Persönlichkeiten, welche für die Zeit unentbehrlich schienen, sterben. Menschen um einen her verschwinden. Eltern, Lehrer, ehemalige Vorgesetzte zuerst; Gleichaltrige folgen ihnen nach, Jugendbekannte, Freunde, Werkgenossen. Der Mensch bekommt das Gefühl, eine Generation sei zu Ende gegangen, die vor ihm, und seine eigene beginne abzubröckeln. Manche Unternehmungen hat er zerbrechen, manche Einrichtungen vergehen sehen. Er hat das Ende geistiger Haltungen, Anschauungsweisen, Moden erlebt; Wertmaßstäbe und Menschenbilder, Begriffe des Richtigen und Schicklichen, in denen er aufgewachsen ist und von denen er geglaubt hat, sie gehörten einfachhin zum Dasein, haben ihre Gültigkeit verloren. Besonders stark wird der Eindruck, wenn er den Umbruch von Geschichtsepochen miterlebt hat; und nicht nur so, daß seine Jugend mit dem beginnenden Neuen zusammenging, sondern das, womit er den größten Teil seines Lebens gelebt hat, zerfiel . . Durch alles das wird die Wirklichkeit in Frage gestellt. Nicht wie durch das unendliche Gefühl der Jugend; vielmehr durch die Empfindung, diese Wirklichkeit sei gar nicht so wirklich, wie es ihm früher, in der realistischen Zeit des reifen Alters, geschienen. Damit öffnet sich auch eine neue Weite. Die Härte der Wirklichkeit engt ein, ins Gegebene und Gegenwärtige; sobald sich aber die einzelnen Gestalten lockern, tritt das Ganze ins Bewußtsein. Es ist, wie wenn im Herbst das Laub von den Bäumen fällt, dann wird es weit, und man fühlt den großen Raum.

Zur Wirklichkeit gehört der Wille, und auch der engt ein: auf das, was jetzt zu suchen, zu tun, zu erobern, zu gestalten ist. Im Lauf der Jahre hat aber der Mensch verzichten gelernt. Der Wille beginnt loszulassen. Er nimmt die Hand von den Dingen, und das Gemüt wird offen für das Ganze, für das Dasein überhaupt.

Auch daraus kommt eine Entscheidung — wie ja im Leben immer wieder Entscheidungen kommen, da zu seinem Wesen gehört, daß es vieldeutig ist. Immer kann es nach rechts und nach links gehen. Das gleiche Gefühl kann zum Guten und zum Schlimmen ausschlagen. Der nämliche Wert kann Fruchtbarkeit oder Zerstörung bewirken. So ist es auch hier. Jene Lockerung der Wirklichkeit, das Loslassen der Dinge, das Unwichtigwerden der Frage, ob eine Sache so oder so gemacht wird, die gehäuften Enttäuschungen und Verzichte eines langen Lebensalters, das alles kann einfachhin Ende bedeuten. Das Alter ist dann jene Daseinszeit, vor welcher sich das Leben einfachhin fürchtet; den über Jahre hin ausgebreiteten Tod. Jenes Ganze, von dem wir sagten, daß es Macht gewinne, wird dann zur Erbarmungslosigkeit des Gesamtlebens, das über den Einzelnen hinweggeht: zur Gleichgültigkeit der Natur, welche ebenso gefühllos tötet, wie sie Leben gibt; zur Rücksichtslosigkeit der Umgebung, die sich durch den Alternden gestört fühlt; zur Grausamkeit der Jungen, die ins Leben einrücken und Platz verlangen . . Das ist aber nicht der echte Sinn des Alters. Daß der Wille sich von den Dingen und Aufgaben löst und gleichsam die Hände frei bekommt — das soll nun zu einer Weite werden, in welcher das Letzte und Eigentliche, der Sinn des Lebens überhaupt aufleuchtet. Daraus wächst eine neue, echte Daseinsgestalt.

Auch eine solche des Glaubens. Die Gefahr, in welcher der Alternde steht, vor der Vergänglichkeit zu kapitulieren; keine Zukunft mehr zu haben und nur noch in der Erinnerung zu leben; im leerwerdenden Dasein preisgegeben zu sein und sich an Zufälligkeiten zu klammern; schwach und tyrannisch zugleich, ohnmächtig und selbstsüchtig zu werden — diese gleiche Gefahr droht auch dem religiösen Leben. Es gibt eine Art der Skepsis, die nur dem alten Menschen möglich ist, nämlich der Zynismus der Hoffnungslosigkeit — sie richtet sich auch gegen den Glauben. Es ist die Haltung, in welcher die Vergänglichkeit gesiegt hat. In ihr regiert das Nichts. Der Tod, des Leibes und des Herzens, ist zur geistigen Gestalt geworden.

Dem steht der echte Glaube des Alters gegenüber. Er hat die Traumgeborgenheit des Kindes abgestreift; hat dem unendlichen Fordern der Jugend entsagt, hat die Vergänglichkeit erfahren und gesehen, wie flüchtig das Menschendasein, wie fragwürdig Dinge und Werke sind. Nun nimmt das immer weiter sich wandelnde Leben eine neue Richtung. Ein Letztes, Eigentliches dringt durch. Das scheint zunächst »das Leben« selbst zu sein, wie sich in dem lächelnden oder schmerzlichen Wort ausdrückt: »So ist es nun einmal.« Dahinter aber kommt etwas anderes herauf, nämlich die Ewigkeit. Hinter dem bloßen Zu-Ende-Gehen liegt das Nichts; jenes Dunkle, Leere, Grausige, aus welchem der alte Mensch sich zum Nächst-Greifbaren rettet, zu dieser Speise oder zum Lehnstuhl, zu seinem Bankguthaben, oder daß er zu Hause das letzte Wort behält. Die Ewigkeit ist etwas Anderes. Vor ihr steht der Tod; aber sie selbst ist reine Wirklichkeit, unendliche Erfüllung. Freilich muß sie immer aufs neue gewonnen werden, durch Tapferkeit und Überwindung. Geschieht das, dann bringt sie in das Dasein eine Weite, Stille und Helligkeit neuer Art. Daraus geht die Weisheit hervor; denn Weisheit ist die Einsicht, wie »das Leben geht«; das weiß man aber erst, wenn es dem Ende nahe ist. Weisheit ist die Einsicht des Endes — darum kann man sie auch nicht lehren, sondern jeder muß sie, durch Torheiten hindurch, selbst erwerben, aus der Bitterkeit seines eigenen Endens. Und sie ist das Verstehen des Einzelnen aus dem Ganzen; das gewinnt man aber erst, wenn das Ganze herauskommt, am Schluß. Es ist das Gefühl für Wichtig und Unwichtig; der Sinn für die Maße; das Wissen, was letztlich lohnt, nur zu erwerben, wenn es »zu spät« ist im Sinne des Andersmachens, aber noch zeitig genug, um verzeihen, bereuen und alles in Gottes Hand geben zu können. Dieser Art ist auch der Glaube des alten Menschen. Seine Haltung wird sehr einfach. Fast könnte man von einer neuen Kindlichkeit reden. Das Kindische alter Menschen ist die häßliche Form von etwas, was auch sehr schön sein kann: die zweite Kindlichkeit, die mit der ersten das Gefühl gemeinsam hat, alles sei eins; alles stehe in einer Hut; alles werde gut werden. Dieser Glaube ist weit, verstehend und duldsam. Er ist voll Erfahrung. Er hat Humor. Ein wunderbares Ding, der Humor im Religiösen, der alles Menschliche, auch das Unzulängliche und Sonderbare mit hineinnimmt in die Unendlichkeit der Liebe Gottes; auf eine Lösung hofft, wo Verstand und Tatkraft keine mehr sehen, und einen Sinn noch dort ahnt, wo Ernst und Eifer ihn längst aufgegeben haben . .

DAS DOGMA

Es gibt Worte, die kaum mehr objektiv gehört werden, weil ihr Inhalt seit langem Gegenstand des Kampfes ist und daher unwillkürlich zur Stellungnahme veranlaßt. Zu ihnen gehört das Wort »Dogma«. Für den zur Klarheit Durchgedrungenen spricht es etwas Ehrwürdiges, Hoheitsvolles, Heilig-Strenges aus — für die Anderen hingegen etwas Fremdes, Starres, Gewaltsames, das sie mißtrauisch macht und zur Abwehr veranlaßt. Nun hat das Dogma im Leben der Kirche von jeher eine große Bedeutung gehabt und wird sie immer haben; so wollen wir das Wort aus den Unklarheiten und Verzerrungen des Tagesgebrauchs herausholen, ihm seinen genauen Sinn geben und fragen, was sein Inhalt im christlichen Dasein bedeute.

I

Zuerst muß festgestellt werden, was überhaupt mit dem Wort bezeichnet werden darf, denn hier fängt schon die Verwirrung an. Die Neuzeit scheut in religiösen Dingen das klare Ja und Nein und läßt alles im Nebel des Gefühls. So ist für die Tagessprache jede religiöse Aussage, die etwas Bestimmtes meint, es genau ausdrückt und dafür die Wahrheitsverantwortung übernimmt, schon »Dogma«. Damit wird das Wort aber mißbraucht, denn es hat einen ganz genauen Sinn. Und zwar gehört es der Sprache der Kirche an; wenn wir also wissen wollen, was es meint, müssen wir sie fragen. Dann hören wir, daß ein Dogma etwas Besonderes und Seltenes bedeutet, nämlich eine Entscheidung in Fragen des Glaubens, welche die Kirche aus dem letzten Bewußtsein ihrer Verantwortung und mit dem ganzen

Gewicht ihrer Autorität vollzieht. Sie bildet immer den Abschluß einer langen Geschichte christlichen Erfahrens und Denkens, Kämpfens und auch Leidens. Wer ein Dogma auszusprechen vermag, ist die oberste Lehrautorität der Kirche: einmal das allgemeine Konzil, will sagen die Versammlung der überwiegenden Mehrheit der Bischöfe des Erdenrunds unter dem Vorsitz des Papstes; dann auch dieser allein, sobald er aus seiner Verantwortung als Haupt der Kirche in Dingen des Glaubens und der Sitte eine Entscheidung fällt, welche diese ganze Kirche verpflichtet. Damit ist das Dogma aus dem Unsinn des Tagesgebrauchs herausgerückt und als etwas bestimmt, das größtes Gewicht hat. Wohl ist es Gegenstand des Kampfes, geht es doch seinem Wesen nach aus Entscheidung hervor und fordert wiederum Entscheidung von dem, der ihm begegnet; aber eines Kampfes hoher Art, denn schon rein geistig genommen gehört es zu den geschichtlichen Erscheinungen erster Ordnung.

Vor ihm erwachen schwere Probleme. Das Dogma ist ein begrifflich geschärfter Satz — widerspricht aber ein solcher nicht dem Wesen der Religion, die doch etwas Lebendiges, ja das Lebendigste überhaupt ist? .. Das Dogma ist etwas Endgültiges, Absolutes — widerspricht das nicht dem Wesen des Menschenlebens, das sich immerfort wandelt und neue Formen annimmt? .. Das Dogma ist genau und streng — widerspricht das nicht dem Christentum, welches doch die Religion der Innerlichkeit und der Liebe ist? .. Das Dogma ist das »Gesetz des Glaubens«, weithin durch die römische Kraft der Daseinsmeisterung bestimmt — widerspricht das nicht der Gesinnung Jesu, der die Menschen zur Freiheit des Geistes und zur reinen Großmut der Liebe führen wollte? ..

Bevor wir einige dieser Fragen aufnehmen, wollen wir uns aber noch an etwas erinnern, das ihnen ihren Ort anweist: sie sind alle neuzeitlichen Ursprungs. Von dem Mißtrauen und der Abneigung, die sich in ihnen ausdrücken, hat das christliche Altertum nichts gewußt. Dieses hat vielmehr allen dogmatischen Problemen das brennendste Interesse entgegengebracht. Das gleiche gilt für das Mittelalter. Ja, noch für das sechzehnte und siebzehnte Jahrhundert, ging es doch den Reformatoren um die Frage der Wahrheit, die im Bekenntnis verpflichtend ausgesprochen wird. Erst die folgende Zeit hat das Christliche derart ins Gefühlsmäßige und Subjektive, ins Erlebnishafte gezogen, daß ihr der Gedanke des Dogmas von vornherein fragwürdig erscheinen mußte.

Was aber Jesus Christus selbst angeht, so steht fest, daß Er mit dem neuzeitlichen Subjektivismus nicht das geringste zu schaffen hatte. Ihm war es nicht um »Erbauung«, sondern um Wahrheit zu tun, in der ganzen göttlichen Strenge des Wortes. Er wollte nicht das Gefühl anregen, oder die religiöse Innerlichkeit wecken, sondern die Botschaft des Herrn der Welt verkünden, welche verborgene Wirklichkeit offenbart, göttliche Wahrheit lehrt, ewiges Heil verheißt, in alledem aber ebensoviel Befehl wie Gabe ist. Was Jesus unter Glaube versteht, ist kein »Erlebnis« im neuzeitlichen Sinne, hinter dem die Selbstherrlichkeit des Menschen steht, sondern der Gehorsam des Geschöpfes gegen den sich offenbarenden Gott. Ein Wort wie das am Ende des Markus-Evangeliums: »Wer glaubt und sich taufen läßt, wird gerettet werden; wer aber nicht glaubt, wird verdammt sein« (16, 16), erhält erst von hier her seinen Sinn.

Den wirklichen Widerspruch zum Christlichen bildet nicht das Dogma, sondern die neuzeitliche Auflehnung gegen die Hoheit des offenbarenden Gottes, und die Auflösung alles dessen, was im redlichen und vollen Sinn »Wahrheit« heißt — die Leichtfertigkeit des religiösen Urteilens und die Verwahrlosung des religiösen Sprechens nicht zu vergessen, wie sie der gleichen Neuzeit eigen sind, und so sonderbar von der immer beanspruchten Wahrhaftigkeit abfallen.

II

Um zu sehen, was das Dogma bedeutet, müssen wir von der Offenbarung ausgehen. In ihr wird uns die heilige Wahrheit kundgetan. Aus der Gestalt der von Gott gesendeten Menschen, aus ihrer Botschaft und den von ihnen begründeten Einrichtungen und Ordnungen, aus den Ereignissen der heiligen Geschichte vom ersten Ruf bis zum Kommen Christi tritt uns eine Wirklichkeit entgegen, ein Jemand, der Lebendige Gott. Der vorher unbekannt war, zeigt sein Antlitz. Der vorher nur als Durchwalter der Welt erschien, tritt nun in diese ein, weilt bei den Menschen und bringt in der alten Schöpfung eine neue hervor, welche auf die Ewigkeit zugeht.

Diese heilige Wirklichkeit hat an sich die ganze Fülle und Freiheit Gottes; sobald sie aber in die Welt tritt, besondert sie sich. Schon die einfache Tatsache, daß die Menschen, an welche sie sich wendet, einer bestimmten Zeit angehören und eine bestimmte Sprache reden, bedeutet eine solche Besonderung. Ebenso, daß dieser Prophet oder Apostel ein bestimmter Mensch ist, mit eigener Art, die Wirklichkeit zu empfinden und aufzufassen, zu urteilen und zu handeln. Diese Unterschiede kommen schon im Bereich der Offenbarung selbst zur Geltung. So sind die Gedanken eines Johannes nach Bau und Farbe sehr deutlich von denen eines Markus, die des Paulus von denen des Matthäus unterschieden. In der Schrift ist aber alles noch unmittelbar von der Macht des Heiligen Geistes durchwaltet. Anders dort, wo die Menschen die Verkündung der ersten Boten entgegennehmen und sich aneignen. Das kann zunächst in der Form einfacher Gläubigkeit geschehen; so, daß sie bei den ersten Worten der Verkündung bleiben, sie ins Gemüt und ins Tun herübernehmen. Bald werden sie aber auch anfangen, darüber nachzudenken, nach dem Wie und Warum fragen, sich und anderen Rechenschaft zu geben. Darin werden all die Unterschiede, von denen wir sprechen, die Arten des Empfindens, Denkens und Beurteilens aufs stärkste zur Geltung kommen — zum Guten wie zum Schlimmen.

Die Offenbarung schlechthin ist Jesus Christus. Er ist der Offenbarende, denn in Ihm »erscheint« der Vater allen denen, die Augen haben zu sehen; Er verkündet das Kommen des Gottesreiches und lehrt den Weg des rechten Lebens. Er ist aber auch selbst der Inhalt der Offenbarung: der gekommene Gott, der Beginn der Neuen Schöpfung, wesenhaft »der Weg, die Wahrheit und das Leben«. So steht Er in der Mitte unseres Glaubens, und die wichtigsten

Fragen des christlichen Denkens lauten: Wer ist Jesus Christus? Was ist Er? Wie steht seine Wirklichkeit zu der Wirklichkeit Gottes? Wie zu der des Menschen? Diese Fragen beginnen bereits in der Schrift, besonders bei Paulus und Johannes, und kommen dann im Laufe der christlichen Geschichte zur vollen Entfaltung. Mit ihnen aber auch der Einfluß all der menschlichen Artungen, die wir »Strukturen« nennen wollen.

Nehmen wir zwei solcher Strukturen heraus. Es gibt eine Weise des Auffassens, die sich von vornherein auf den Zusammenhang unter den Dingen richtet. Ihr unwillkürliches Interesse geht dahin, zu sehen, wie eines dem anderen ähnelt, die einzelnen Gestalten durch Zwischenglieder verbunden sind, ein Vorgang sich in den anderen fortsetzt. Das Dasein wird von vornherein als ein Ganzes empfunden, welches in jeder Einzelheit durchdringt. Die Unterschiede sind nur oberflächlich; wesentlich ist die Verwandtschaft. Ein lebendiges Gefühl der Sympathie und Harmonie durchdringt alles und macht, daß für jeden Widerspruch von vornherein die Wahrscheinlichkeit besteht, daß er gelöst werden könne . . Dieser Auffassungsform steht eine andere gegenüber, welche wir die kritische nennen wollen. Sie empfindet überall Unterschiede, der Eigenschaften, der Größen, der Ordnungen. Sie sieht überall Scheidungen und Grenzen. Die Werte, auf die es ihr ankommt, sind Genauigkeit, Stellungnahme, Entscheidung; alle aber ruhen auf klarer Unterscheidung. Ob es die Einheit gibt, steht dahin; auf jeden Fall fordert die Wirklichkeit zur Kritik heraus, und nichts ist gefährlicher als Harmonie- und Zusammenhangsgefühle . . Den beschriebenen Formen der Daseinserfahrung und Weltauffassung begegnen wir auf Schritt und Tritt. Jede hat ihre besondere Leistungsfähigkeit und Zuständigkeit — aber auch ihre Grenze und Gefahr, weil jede die Dinge unter einem bestimmten Gesichtswinkel sieht, infolgedessen dazu neigt, gewisse Seiten der Wirklichkeit sehr genau und stark, andere unbestimmt und schwach zu sehen. Jede stilisiert also das Dasein auf ein bestimmtes Bild hin und behauptet, es sei richtig. Damit hat sie recht, denn die Wirklichkeit ist tatsächlich so; sie ist aber nicht nur und nicht ganz so, enthält vielmehr auch das andere. Infolgedessen ist das Bild nur unter bestimmter Rücksicht richtig; der Selbstbehauptungsdrang der Persönlichkeit neigt aber dazu, sich in die betreffende Struktur hineinzuwerfen und das von ihr bestimmte Daseinsbild absolut zu setzen. Das ist dann die — man möchte sagen, konstitutive Unwahrheit des Typus; und darin, wie die Persönlichkeit des Menschen sie überwindet oder ihr verfällt, entscheidet sich zu einem guten Teil ihr Daseinssinn.

Die beiden gezeichneten Strukturen sind auch, mit ihrer Kraft wie mit ihrer Schwäche, in der Deutung der Christuswirklichkeit zur Geltung gekommen. So haben sie gute Arbeit geleistet, aber auch großes Unheil angerichtet.

Die Frage nach Christus entfaltet sich in verschiedenen Abschnitten. Zuerst: War Christus Gott, und wie stand seine Göttlichkeit zu jener, die in der Schrift einfachhin »Gott« genannt wird? Die Antwort bildet die Lehre von der heiligen Dreieinigkeit, in welcher Er der Sohn ist .. Dann: War er auch wirklicher Mensch? Die Antwort bildet die Lehre von seinem Gott-Menschentum .. Endlich: In welchem Verhältnis stand die göttliche Wirklichkeit in Ihm zur menschlichen? Wie war die lebendige Einheit des Gottmenschen gebaut? Wie existierte und wie lebte Er? Von dieser letzten Frage wollen wir ausgehen.

In Alexandrien gab es eine alte Theologenschule, die ganz vom Gesichtspunkt der Einheit bestimmt war. Diesen legte sie auch der Beantwortung der Frage zugrunde, um die es hier geht, und sagte: Die göttliche und die menschliche Natur Christi waren von Wesen zu Wesen miteinander verbunden, so, daß sie ganz in eins verschmolzen. Da aber die göttliche Natur die beherrschende war, zog sie die andere ganz in sich hinein; das Menschliche ging im Göttlichen auf. Ein Bild, das jene Schule brauchte, ist berühmt geworden: Nimmt man ein Becken mit geschmolzenem Wachs, und läßt einen weiteren Tropfen hineinfallen, dann löst sich dieser im Ganzen auf, und es entsteht eine unscheidbare Einheit. So war es in Christus .. Man fühlt die Kraft dieser Denkweise. Sie ruht auf einem mächtigen Eindruck von der lebendigen Einheit Christi; auf dem Bewußtsein von der beherrschenden, verwandelnden, in sich ziehenden Macht des Göttlichen, und auf der Sehnsucht nach dem Einen und Ganzen. Auch die große Gebetserfahrung der ägyptischen Einsiedler, ihre Glut und Begeisterung steht hinter diesem Gedanken. Zugleich aber fühlen wir die Gefahr, daß das Menschliche vom Göttlichen verschlungen wird; die irdische Wirklichkeit Jesu mit ihrer Gestalt und Geschichte wegschwindet, Unterschiede und Grenzen zwischen Schöpfer und Geschöpf verwischt werden, und dabei nicht bloß die Echtheit des Menschlichen, sondern auch des Göttlichen verlorengeht. Denn ein Gott, der mit dem Geschöpf verschmilzt, ist kein Gott mehr — ebensowenig, wie ein Mensch noch wahrer Mensch ist, wenn er seinsmäßig in Gott übergehen kann. Es droht also die Gefahr einer pantheistischen Mystik, welche die Reinheit der Wesensbestimmung und die Deutlichkeit der Unterscheidung zerstört.

Es war gar nicht anders möglich, als daß sich dieser Auffassungsweise und ihren Einseitigkeiten eine andere entgegenstellte. Auch sie war in einem bestimmten Orte beheimatet, nämlich in Antiochien. Die dortige Theologenschule war ausgesprochen kritisch gesinnt; so richtete sich ihre Aufmerksamkeit vor allem auf das Geschichtliche und Menschliche der Person Jesu. Sie leugnete nicht seine Gottheit, beantwortete aber die Frage nach deren Verhältnis zum Menschlichen folgendermaßen: Der Sohn Gottes weilte im Menschen Jesus etwa in der Art, wie Gott in einer Kirche. Viel näher natürlich, viel inniger, aber doch nur gradweise. Von Wesensvereinigung oder gar Wesensvermischung konnte keine Rede sein; aber auf diesem Wege kam überhaupt jede wirkliche Einheit in Gefahr. Das große Streben dieser Denkweise ging darauf, die Echtheit des Göttlichen sowohl wie des Menschlichen zu wahren und auseinanderzuhalten. So konnte sie die Einheit in Christus, die sie doch irgendwie begründen mußte, nur im Psychologischen und Ethischen, in der Haltung und Gesinnung sehen und sagte: Die Tatsache, daß der Sohn Gottes im Auftrag des Vaters gekommen war, um die Menschen zu erlösen, der Mensch Jesus aber dem gleichen Vater gehorsam war und ihn liebte, verband Gottheit und Menschheit Christi zur Einheit der gleichen Gesinnung . . Auch hier sind wichtige und starke Motive am Werk. Die Ehrfurcht gegen die Reinheit des Göttlichen, das in keine Vermischung mit dem Endlichen gezogen werden darf; der Wunsch, das Menschliche des

Erlösers in seiner ganzen persönlichen und geschichtlichen Charakteristik zu erhalten; endlich ein starkes Gefühl für die Bedeutung dessen, was Gesinnung heißt. Sie brachten aber auch die Gefahr mit sich, die wirkliche und lebendige Einheit Christi zu zerstören, so daß vom Gottmenschentum nur noch in gleichnishafter Form die Rede sein konnte.

Beide Auffassungen, durch starke Persönlichkeiten vertreten, führten miteinander einen langen und harten Kampf. Nachdem er fast ein Vierteljahrhundert gewährt hatte, wurde im Jahre 451 ein allgemeines Konzil nach Chalkedon berufen, und dessen Entscheidung lautete: »Den heiligen Vätern folgend, lehren wir also alle und einmütig, daß wir einen und denselben Sohn bekennen, unseren Herrn Jesus Christus. Daß Er vollkommen ist in der Gottheit und ebenso vollkommen in der Menschheit, wahrer Gott und wahrer Mensch, (als solcher) aus vernunftbegabter Seele und Körper bestehend. Daß Er eines Wesens ist mit dem Vater seiner Gottheit, und ebenso eines Wesens mit uns seiner Menschheit nach . . . Es muß anerkannt werden, daß der eine und gleiche Christus, der einziggeborene Sohn und Herr, in zwei Naturen unvermischt, unveränderlich, ungetrennt und untrennbar (besteht). Daß der Unterschied der Naturen niemals um der Einheit willen aufgehoben wird, vielmehr die Eigentümlichkeit jeder Natur gewahrt bleibt, sie aber verbunden sind zu einer Person und einer Eigenständigkeit — zu dem nicht in zwei Personen zerteilten oder geschiedenen, sondern einen und gleichen Sohn und eingeborenen Gott, dem Logos, dem Herrn Jesus Christus.«

Diese Entscheidung war ein Dogma. Was sagt es? Die Extreme der beiden miteinander kämpfenden Ansichten, deren jedes die Wahrheit Christi zerstört, werden als Irrtümer erklärt. Die in ihnen wirksamen echten Anliegen werden anerkannt und gewahrt. Freilich so, daß jeweils eines durch das andere unter Kritik genommen und zum rechten Maß geführt wird. Damit werden die beiden miteinander kämpfenden Denkmotive zu einer Einheit verbunden. Diese Einung ist besonderer Art. Sie geschieht nicht so, wie wenn zwei Zahlen unter einen Nenner gebracht, sondern wie wenn Druck und Gegendruck ins Gleichgewicht gesetzt werden, so daß eine lebendige Spannung entsteht, die wölbt und trägt. Was die Einheit zusammenhält, ist der Begriff der Person. Göttliche und menschliche Natur sind »zu einer Person und Eigenständigkeit« — das Griechische sagt »zu einem Antlitz und einem das Dastehen tragenden Untergrund« — verbunden. Nur Einer ist, der hier »Ich« spricht; Einer, dem dieses Dasein gehört; Einer, der in diesem Schicksal steht; Einer, der die Verantwortung für das trägt, was dieses Wesen tut: der Sohn Gottes.

Was ist damit »erklärt«? Nichts. Im Gegenteil; die Sätze bringen jedem, der sie aufmerksam liest, zu Bewußtsein, wie abgründig das Geheimnis ist. Man kann geradezu sagen, die Zusammenfügung der Aussagen habe den Sinn, das Geheimnis zu sichern und zu betonen. Die beiden Theorien, um die es sich handelte, hatten zueinander im schärfsten Gegensatz gestanden, in einem aber waren sie sich gleich gewesen: sie hatten die in der Spannung und Fülle des Geheimnisses stehende gottmenschliche Wirklichkeit unter einen Teilgesichtspunkt gebracht. Dadurch war sie einfach geworden, aber in falscher Weise. Sie hatten das Gottesgeheimnis »aufgeklärt«, »Christus aufgelöst«. Dem trat das Dogma entgegen und stellte die heilige Wirklichkeit in ihrer alle Strukturen übersteigenden Freiheit und Fülle wieder her.

III

Wir sind von dem Christus betreffenden Dogma ausgegangen; wir hätten es auch von denen tun können, welche das Verhältnis der drei heiligsten Personen zur Einheit des Gotteswesens, oder der Gnade zur eigenen Kraft des Menschen bestimmen und anderen noch. Sie alle sind so gebaut, wie das von uns erörterte . . Doch gibt es auch solche, in denen nur eine einfache Tatsache des Glaubens ausgesprochen wird, wie z. B. die Siebenzahl der Sakramente oder die Unfehlbarkeit des Papstes. Dann werden nicht gegensätzliche Aussagemöglichkeiten in ein bestimmtes Verhältnis gebracht, sondern einfach erklärt: das und das ist.

Ob nun das Dogma in dieser oder jener Form gebaut ist, das neuzeitliche Empfinden sieht in ihm immer eine Verstandessache. Es wirft der Kirche vor, damit verwandle sie das, was doch Gegenstand lebendigen Ahnens und Ziel für die Bewegung des Herzens sei, in Begriff und Satz; liefere es den Theologen aus und nehme dem gläubigen Menschen, was er zum Leben brauche. Das ist einer jener oberflächlichen Vorwürfe, wie sie der Kirche gegenüber immer wieder erhoben werden. Gewiß geht das Dogma aus angespanntester Arbeit des Verstandes hervor, aber mit Recht, denn auch er gehört in das Leben des Glaubens. Die Furcht vor dem Verstand ist eine sehr späte Erscheinung der religiösen Geschichte und verrät, daß gerade jene Kräfte, die so heftig betont werden, in Wahrheit bereits matt geworden sind. Ein Glaube, der den Verstand fürchtet, ist seiner unmittelbaren religiösen Kraft nicht mehr sicher. Echter Glaube hält das Denken nicht nur aus, sondern fordert es. Das Dogma ruft den Verstand in den Dienst des Glaubens und beauftragt ihn, den Sinnverhalt, um den es geht, genau zu bestimmen und klar auszusprechen. Dadurch wird die religiöse Wahrheit aus den heimlichen Unsauberkeiten des bloßen Erlebnisses herausgehoben. Im Dogma antwortet die Kirche auf die Frage nach ihrem Glauben mit einer deutlichen Aussage und übernimmt damit für ebendiesen Glauben die volle Verantwortung nicht nur vor Gott, sondern auch vor den Menschen. Welche Überzeugungsmacht nötig ist, um eine derart genaue Erklärung mit dem Anspruch nie zu verändernder Gültigkeit in die Geschichte zu stellen, sollte tiefer gewürdigt werden, als es meistens geschieht. Auch könnte die Frage, wie ein Bewußtsein gebaut sein müsse, das eine solche Erklärung wagt — und nicht nur in unkritischen Zeiten, sondern bis zur Stunde und im skeptischen Abendlande — zu manchen Einsichten führen . . Dennoch ist die Arbeit des Verstandes als solche nicht die Hauptsache, sondern sie dient dem Geheimnis. Wir haben gesehen, daß ein Dogma nicht erklärt, sondern die Ganzheit wahrt. Es ist wie eine Mauer, um die heilige Quelle gebaut, damit sie nicht verrinne. Ein stählerner Reif, der das Geheimnis umschließt und es vor der Auflösung schützt.

Immer wieder sucht der Mensch die Fülle und Größe der Gottesbotschaft zu vereinfachen und auf die eigene Ebene herunterzuziehen. Das tut er, indem er sie auf seine Struktur einebnet. Jede Offenbarungswahrheit ist allhaft, denn sie ist die Wirklichkeit des lebendigen, Mensch und Welt an sich ziehenden Gottes. So enthält sie Momente, die dem einzelnen Menschen wahlverwandt sind — jene, die zuerst auf ihn Eindruck machen, und von denen er sich immer wieder die Wahrheit des Ganzen aneignet. Aber auch solche, die seinem Charakter fremd sind — jene, an denen zuerst der Zweifel einsetzt, und von denen aus ihm das Ganze fraglich wird. So neigt der Mensch dazu, die verwandten Momente herauszuholen, sie einseitig zu entwickeln und sie, indem er die fremden ausscheidet, zum Ganzen zu machen. Diesen Vorgang kann man immer wieder beobachten, in der Geschichte wie im persönlichen Umgang. In ihm besteht die Häresie — das eigenmächtige »Auswählen« aus dem Ganzen der heiligen Wahrheit. Das Dogma stellt sich dieser Neigung entgegen und wahrt die Fülle der Offenbarung. Und damit wahrt es das Heil; denn nur jenes Bild von der Offenbarung erlöst den Menschen, das ihn aus seiner Enge heraushebt. Die häretische Anschauung ist am Anfang sehr lebendig, von großer persönlicher Beteiligung und oft hervorragenden menschlichen Eigenschaften getragen; mit ihr setzt sich aber eine bestimmte menschliche Denk- und Empfindungsform dort durch, wo nichts reden darf, als die Selbstbezeugung Gottes. Was daraus entsteht, kann nicht mehr erlösen. Das Dogma überwindet die Häresie und wahrt an einer Stelle, wo sie gefährdet war, die Möglichkeit des Glaubens.

Allerdings ist es selbst ebenfalls mit Gefahren verknüpft — wie alles, wobei Menschen beteiligt sind. Die Klarheit des Dogmas kann im Munde der Menschen wirklich rationalistisch, seine Schärfe spitzfindig, seine Unerbittlichkeit unduldsam und gewalttätig werden, und es ist auch nur allzu häufig geschehen. Damit ist aber gegen es selbst nichts gesagt.

IV

Getragen wird — wir sagten es soeben — das Dogma von der Kirche.

Das bedeutet zunächst einmal, daß kein Einzelner als solcher ein Dogma aufstellen kann. Und nicht, weil ihm die nötige Geisteskraft fehlte, oder er zu schwach wäre, die Entscheidung durchzusetzen. Er könnte es nicht, auch wenn er der genialste Denker wäre und die größte Macht hätte, denn das Dogma gehört wesentlich in den Bereich der Autorität. Ebensowenig wären eine Gruppe oder eine ganze Zeitströmung dazu fähig. Hier kommt es überhaupt nicht auf Kräfte und Mengen, sondern auf Befugnis an; die aber liegt dort, wohin Gott sie gegeben hat, beim kirchlichen Lehramt. Zu suchen, zu ringen und zu erfahren, ist Sache jedes Menschen, den sein Geist dazu drängt. Darin bilden sich Anlaß und Notwendigkeit, werden die Stoffe und Begriffe herausgearbeitet. Was aber dem Dogma seine Gültigkeit und verpflichtende Kraft gibt, kommt aus dem Auftrag Gottes. Christus hat gesagt: »Ich will dir die Schlüssel des Reiches der Himmel geben, und was du bindest auf der Erde, soll in den Himmeln gebunden sein, und was du lösest auf der Erde, soll in den Himmeln gelöst sein.« (Mt 16, 19) Und wieder: »Wahrlich, ich sage euch, was ihr bindet auf der Erde, wird im Himmel gebunden sein, und was ihr löset auf der Erde, wird im Himmel gelöst sein.« (Mt 18, 18) Und nochmals: »Wer die Kirche nicht hört, sei euch wie ein Heide und öffentlicher Sünder.« (Mt 18, 17) Die Kirche ist es, die im Dogma redet; sie, von der das an die Apostel gesprochene Wort gilt: »Wer euch hört, der hört Mich.« (Lk 10, 16) Ihr stehen jeder, auch der Genialste und Mächtigste, jede Anzahl von Menschen, Völker und Zeiten, grundsätzlich als Hörende und Gehorchende gegenüber.

Auch aus einem anderen Grunde aber ist es die Kirche, die das Dogma trägt. Wir haben gesehen, was in ihm geschieht. Der Wille des Menschen sucht im Dasein durchzudringen und sich die Welt unterzuordnen. Ausgangspunkt und Stütze ist ihm dafür seine besondere Anlage, seine Struktur. Indem er vor ihr hersieht, denkt, urteilt, macht er die Welt zu seiner Welt. Das ist seine Kraft, aber auch seine Schwäche, denn von ebendaher wird er begehrlich und blind und verfällt der Welt. Was er dieser gegenüber versucht, versucht er auch Gott gegenüber; die Religionsgeschichte zeigt es. Sie ist vom Willen des Menschen, das Göttliche zu beherrschen, ganz erfüllt. Er tut es, indem er es — siehe die Götter und Mythen — nach seinem Bilde formt; ebendamit verfällt er aber seiner eigenen Wesensenge. Die Offenbarung befreit ihn davon, indem sie ihm befiehlt und ermöglicht, sein religiöses Dasein nicht auf dem eigenen Erfahren und Denken, sondern auf dem Worte des Herrn der Welt aufzubauen. Das ist die Erlösung. Doch erlischt jener Trieb des Menschen, sich selbst im Bereiche des Göttlichen durchzusetzen, damit nicht. Er dringt auch innerhalb des Glaubens durch, und zwar in der Art, wie er die geoffenbarte Wahrheit auffaßt: auswählt, was seiner Struktur entspricht, und wegläßt, was ihm fremd ist. Darin besteht das Wesen der Häresie. Jeder Mensch neigt zu ihr, auch der Beste und Frömmste. So ist die Offenbarung nicht dem Einzelnen anvertraut, sondern einer Gewalt, die über jenen Strukturen steht; freilich nicht durch ihre eigene Natur, sondern durch die Macht des gleichen Gottes, der die Offenbarung vollzogen hat. Das ist die Kirche. Damit soll nicht gesagt sein, sie habe keine Fehler und unterliege dem Einfluß des Menschlichen nicht — das ist nur allzuviel der Fall. In ihrem innersten Wesen aber, da, wo sie für die Offenbarung eintritt, hält Gottes Geist sie in solcher Freiheit, daß sie allem menschlichen Eigenwillen gegenüber das unversehrte Ganze der göttlichen Wahrheit aufrechtzuerhalten vermag.

V

Das Dogma kann sich im Leben des einzelnen Menschen sehr verschieden auswirken. Manchen kommt es nie eigentlich zum Bewußtsein, weil sie seiner nicht bedürfen. Sie nehmen die Offenbarung in der schlichten Form des Glaubensbekenntnisses und der biblischen Erzählung auf; ihre christlichen Entscheidungen hingegen fallen im Handeln. Andern aber wird das Glauben selbst zur Frage. Sie suchen zum denkenden Verständnis seines Inhaltes zu gelangen und treffen dann notwendig auf das Dogma. In der schärfsten Form vollzieht sich der Zusammenstoß bei jenen, die mit religiöser Erfahrung und zugleich mit der Leidenschaft des Erkennens an einer bestimmten Deutung beteiligt sind.

Bei einem solchen wird die erste Folge eine innere Auflehnung sein. Er wird das Dogma als Menschenwerk empfinden und von ihm Berufung an die göttliche Wahrheit selbst einlegen. Er wird es als Unterdrückung der religiösen Freiheit empfinden und sich an Gottes Geist wenden, der im glaubenden Gewissen redet. Ist er aber wirklich gläubig, dann fühlt er doch, daß es sich um etwas anderes handelt. Es kommt ihm zum Bewußtsein, daß hier jene Autorität redet, welcher Christus die Wahrheit anvertraut hat, die Kirche. Dann stellt sich die Entscheidung, und in ihr geht es letztlich nicht darum, ob er fähig ist, tiefer zu denken und schärfer zu urteilen. »Offenbarung« bedeutet nicht, daß Gott dem Menschen eine hohe Wahrheit zur Betrachtung anbietet, sondern daß Er ihm kundtut, wer Er ist, und ebendamit das Ja des Geistes und Herzens, Anbetung und Dienst fordert. Was also wesenhaft auf die Offenbarung antwortet, ist Gehorsam. Um den geht es jetzt: und jeder, der solche Stunden durchgemacht hat, weiß, wie schwer er werden kann. Wird er aber vollzogen, dann zeigt das Dogma die andere Seite seines Wesens. Vor der Entscheidung erschien es nur als Gesetz, mit der ganzen Härte jenes »Felsens«, auf dem Christus seine Kirche gebaut hat; nun wird es zur Weite und Fülle. Man kann auch so sagen: Zuerst steht das Dogma »vor« dem Menschen, als Gegenstand der Entscheidung und des Gehorsams. Geschieht, was geschehen soll, dann wandert es gleichsam hinter den Menschen, hinter den Geist, hinter das Auge. Es wird zu etwas, von dem her und aus dem heraus alles Übrige betrachtet wird: zu einer Ordnung des Geistes; zu einem Richtungsgefühl für die Bewegung; zu einem Licht, das dem Blick leuchtet.

Es wird zur inneren Form des christlichen Bewußtseins. Dieser Begriff ist wichtig. Er meint etwas anderes als nur den Glauben. »Glaube« ist die Antwort des Geistes und Herzens auf die Offenbarung. Dieser Glaube kann aber wesentlich praktischer Natur bleiben, das Stellungnehmen und Tun bestimmen, während das Denken sich aus der allgemeinen Geisteshaltung der Zeit heraus vollzieht und vom Glauben her nur gewisse Berichtigungen empfängt. Das christliche Bewußtsein hingegen entsteht, wenn das Denken selbst und als solches jene Bekehrung durchmacht, von der das Evangelium spricht; also die Maßstäbe für das, was wahr und falsch, möglich und unmöglich, wichtig und unwichtig, edel und unedel ist, nicht aus dem natürlichen Erfahren und Denken nimmt, sondern aus der Offenbarung empfängt. Das bedeutet einen langsamen Umbau der ganzen inneren Welt, der unter schweren inneren Krisen vor sich geht. Von hier aus kann man sagen, das Dogma sei der begriffliche Ausdruck für die Ordnung dieses Bewußtseins.

Dabei wird dieses nicht selbstverständlich. Immer bleibt das Dogma der Ausdruck des göttlichen Geheimnisses. Immer weiter fühlt sich der Mensch durch es vor die Forderung des Glaubens gestellt, muß er den Gehorsam leisten und über die Ansprüche seiner Struktur hinausgehen. Trotzdem bildet sich eine Haltung heraus, die anders ist als jede von der Welt her mögliche. So kann es dem Christen geschehen, daß er es — etwa im persönlichen Verkehr oder beim Lesen eines Buches — mit einem Menschen zu tun bekommt, der ihm an Kraft des Geistes weit überlegen ist, und er doch das Empfinden hat, jenen mit seinem Bewußtsein zu überwölben. Geht er diesem Gefühl genauer nach, dann merkt er, was das ist: keine persönliche Größe, auf die er in irgendeinem Sinne stolz sein könnte, sondern das christliche Bewußtsein, das vom Glauben getragen und von der Ordnung des Dogmas bestimmt ist — genau gesagt, das in ihm durchdringende Bewußtsein der Kirche. Ein eigentümliches Erlebnis! Es enthält die Empfindung: »ich bin weniger als jener; er ist größer, genialer, schöpferischer als ich« — und zugleich die andere: »dennoch sehe und beurteile ich ihn; er aber nicht mich.« Das kann bis zu dem erschütternden Gefühl gehen, wie unzulänglich, ja wie geradezu dumm der größte menschliche Geist plötzlich werden kann, wenn ihm die Gewähr des göttlichen Lichtes fehlt. Es ist das Erlebnis, das Paulus in großer Form ausdrückt, wenn er sagt: »Der geistliche Mensch ergründet alles; er selbst hingegen wird von niemand ergründet.« (1 Kor 2, 15) Hier redet das gewaltige Bewußtsein des Apostels, und wir werden uns ein solches Wort gewiß nicht ohne weiteres zu eigen machen; grundsätzlich aber und in gewissem Maße gilt es für jeden, der wirklich ein Christ ist und durch das Dogma den Glauben nicht nur in sein Herz, sondern auch in sein Denken aufgenommen hat.

Man hat den heutigen Menschen das Dogma dadurch näherzubringen versucht, daß man von seinem Lebenswert sprach und zeigte, wie etwa das Dogma von der Erlösung ihn lehre, die Verfangenheit des Daseins zu überwinden; das von der Gnade ihm das Vertrauen auf Gott und zugleich die Zuversicht eigenen Tuns gebe. Diese Gedanken sind nicht falsch, aber doch nur zweiten Ranges. Der tiefste Sinn des Dogmas liegt nicht darin, dem praktischen Verhalten zu dienen, sondern die Freiheit und Fülle der heiligen Wahrheit zu gewährleisten. Die Wahrheit aber hat an sich und zunächst überhaupt keinen Zweck, sondern nur einen Sinn: eben Wahrheit zu sein. Sie dient nicht dem Leben, sondern leuchtet aus sich selbst. Und die richtige Antwort auf sie ist nicht der Entschluß des Willens, mit ihr zu arbeiten, sondern die Ehrfurcht vor ihrer Majestät und die Dankbarkeit für ihre Sinnfülle. Wirkliches Schauen der Wahrheit ist selbst höchster »Lebenswert«. Es gibt nichts Höheres über, nur Gleichhohes neben ihm. Dieses Schauen bedeutet, daß der Geist in jene Offenheit, Freiheit und Ordnung tritt, die eben »Wahrheit« heißen. Geschieht das aber; will der Geist weiter nichts als die Wahrheit, dann wird er eben darin auch fähig zum rechten Tun. Vielleicht nicht gerade für den nächsten Fall, sicher aber zur innersten Stellungnahme dem Dasein gegenüber — ein wenig in der Art, wie es Ranke von der Geschichte meinte, wenn er sagte, ihre Erkenntnis mache nicht klüger für das nächste Mal, aber weiser für immer. Für uns Menschen einer ganz auf Nutzen und Zweck, Leistung und Macht, Lebenssteigerung und Werkerhöhung ausgerichteten Zeit ist es sehr wichtig, das zu verstehen. Es gibt schlechthin nichts, dem die Wahrheit dienstbar gemacht werden dürfte. Sie steht über allen Zwecken und Absichten. Hat sie aber im Geiste des Menschen wirklich diese Majestät, dann bildet sie ebendamit die Ordnung des Daseins, aus welcher das rechte Wollen und Schaffen hervorgehen kann. Die Wahrheit ist wie das Licht. Im Letzten will man es nicht, damit man seinen Weg richtig gehen und seine Arbeiten gut machen könne, sondern weil es eben das Licht ist — frage den Blinden, was es heißt, es zu entbehren! Aber in diesem Lichte werden die Wege sichtbar, und geraten die Werke. Die Wahrheit ist das Licht unseres eigentlichen Daseins; der Raum und die Ordnung, in denen wir leben. Indem sie aber so vor allen Zwecken steht, bildet sie die Gewähr dafür, daß diese, wenn sie kommen, richtig gesehen und erfüllt werden.

Allzulange schon ist das Christentum von Zwecken durchsetzt. Wir haben es moralisiert, zu Aktivitäten und Praktiken gemacht, und darüber hat es seine Wesenhaftigkeit verloren. Wir müssen einsehen, daß uns die Wahrheit der Offenbarung zunächst nicht dafür gegeben ist, damit wir etwas mit ihr machen, sondern damit wir sie anbeten und in ihr leben. Freilich wirklich »anbeten«, und wirklich »leben« — nicht bloß hören und lesen, schön finden und genießen! Das aber ist nichts Bequemes. Im Gegenteil; es ist schwerer und greift tiefer als das Tun im gewöhnlichen Sinn. Ja bedeutet selbst ein Tun, nur sehr stiller, innerlicher Art: das Tun des inneren Umdenkens; das Tun des betrachtenden Gebetes; das mühsame und notbringende Tun, welches darin besteht, die Wahrheit der Offenbarung in Geist und Gemüt zu tragen und den Widerspruch auszuhalten, den sie beständig erfährt. Aber nur so kann die christliche Existenz wieder Stand gewinnen. Die Welt um sie her trägt sie nicht mehr. Der Glaube ist für sie nicht mehr Atmosphäre, allgemeine Anschauung, überall wirksame Ordnung des Lebens. So kann der Christ nur bestehen, wenn sein Geist sich in die göttliche Wahrheit verwurzelt.

DIE HEILIGEN

Wir wollen fragen, was die Heiligen sind, wie sie im christlichen Dasein stehen und was wir mit ihnen zu tun haben. Und zwar wollen wir von dem Unterschied ausgehen, der zwischen unserem Gebrauch des Wortes und dem des Neuen Testaments besteht.

Wenn wir von »Heiligen« reden, kommen uns unwillkürlich Namen wie die des Denkers Augustinus, des Ordensstifters Benediktus, des Armen von Assisi, der Landgräfin Elisabeth von Thüringen oder der großen Beterin Teresa von Ávila in den Sinn — jener also, deren Gestalten und Schicksale uns in den Festen des Kirchenjahres, in den Bildwerken der Gotteshäuser und in den Erzählungen der Legende begegnen. Mit ihnen verbinden wir die Vorstellung des Außergewöhnlichen. Sie sind Ausnahmewesen, durch besondere Berufung erfaßt, von ungewöhnlicher Kraft getragen, mit einer Hingabe für Gott arbeitend und kämpfend, deren der Mensch sonst nicht fähig ist, und einem Schicksal angehörig, das über jedes alltägliche Dasein hinaus ins Geheimnis führt. Wir bewundern sie, verehren sie, bitten um ihre Hilfe, empfangen von ihnen Anregung und Weisung — immer aber mit dem Gefühl, daß sie unerreichbar weit über uns stehen . . So sind wir überrascht, wenn wir im Neuen Testament dieses Wort in einer ganz anderen Weise gebraucht finden. Wie Ananias aufgefordert wird, zu Paulus zu gehen, der gerade das Damaskuserlebnis überstanden hat, antwortet er: »Herr, ich habe durch viele von diesem Manne gehört, wieviel Böses er Deinen Heiligen in Jerusalem angetan hat.« (Apg 9, 13) Der Römerbrief richtet sich »an alle Geliebte Gottes, berufene Heilige in Rom« (1, 7); der erste Korintherbrief »an die Gemeinde Gottes in Korinth, die in Christus Jesus Geheiligten, berufene Heilige, samt allen denen, die den Namen unseres Herrn Jesus Christus anrufen allerorten« (1, 2). Im Brief an die Epheser heißt es: »Ich habe also von dem Glauben an den Herrn Jesus gehört, der bei euch ist, und von der Liebe zu allen Heiligen; darum [bitte ich Gott] ... daß Er die Augen eures Herzens erleuchte, damit ihr inne werdet, welches die Hoffnung seiner Berufung ist, welches der Reichtum der Herrlichkeit seines Erbes bei den Heiligen, und welches die alles Maß übersteigende Größe seiner Macht an uns.« (1, 15-19) So könnten noch viele Stellen angeführt werden; aber schon diese haben wohl gezeigt, daß im Neuen Testament das Wort »die Heiligen« einfachhin jene meint, die an Christus glauben, getauft sind und sich bemühen, aus diesem Glauben heraus zu leben.

Dieser Unterschied im Sprachgebrauch ist merkwürdig, und wir wollen ihm nachgehen.

I

Wir verbinden mit dem Worte »die Heiligen« die Vorstellung einer Ausnahme; das Neue Testament hingegen meint damit die Christen überhaupt .. Allerdings trägt in ihm das Christ-sein selbst schon den Charakter der Außergewöhnlichkeit. Das hängt vor allem damit zusammen, daß der Christ sich in der ersten Zeit scharf von seiner Umgebung unterscheidet. Er steht im Bereich der alttestamentlichen oder der hellenistisch-heidnischen Welt und wird von beiden als etwas Fremdes, wenn nicht Feindliches empfunden. Das Erlebnis der Bekehrung hat ihn aus dieser Umwelt herausgehoben. Er hat sich als Erwachsener der christlichen Botschaft zugewendet und ist sich so des Unterschieds aufs nachdrücklichste bewußt geworden. Das Evangelium ist ihm wirklich Offenbarung gewesen, und etwas Neues, bisher Unbekanntes hat sich ihm erschlossen. Eine Gotteswirklichkeit, die er weder aus dem natürlichen religiösen Erlebnis noch aus der Lehre des Alten Testaments kennen konnte, ist ihm erschütternd und beseligend entgegengetreten. Staunen und Dankbarkeit erfüllt ihn, daß der Gott, von dem ihm die Natur nur in Ahnungen und Rätseln gesprochen, den ihm das Alte Testament vor allem als den Mächtigen und Gesetzesstrengen gezeigt hatte, nun sein Vater sein will. In Christi Dasein hat sich ihm das Antlitz Gottes enthüllt, und Christi Leben hat ihn inne werden lassen, wie Gott gesinnt ist. Dieses Ereignis hat sein ganzes Leben geändert. Er hat neue Vorstellungen über Gott und neue Maßstäbe für die Beurteilung der Welt empfangen. Die »Umsinnung«, von welcher das Evangelium spricht, und die zu vollziehen er wenigstens begonnen hat, soll ja nicht nur in der Hinwendung zu einem guten und frommen Leben, sondern in einer Umrichtung des ganzen Denkens bestehen. So ist in ihm wirklich »alles neu geworden« — mit diesem Neuen aber findet er sich in einer Welt, die alt ist und ihn mißtrauisch und feindselig ansieht. Das alles ist außergewöhnlich, ja das Außergewöhnliche schlechthin, und »der Heilige« jener, der dieses Dasein führt. Natürlich gibt es darin Unterschiede; zwischen dem Großmütigen und dem Ängstlichen, dem Eifrigen und dem Lässigen, dem Großgearteten, mit besonderen Gaben Ausgezeichneten und dem Schlichten, Durchschnittlichen. Diese Unterschiede sind schon im Neuen Testament fühlbar — wir brauchen bloß die Apostelgeschichte oder die Paulusbriefe aufzuschlagen — treten aber gegenüber dem eigentlichen Unterschied zurück, der zwischen dem christlichen Dasein an sich und der Welt sonst besteht. Er ist es, den das Wort »die Heiligen« meint.

Dann breitet sich das Christentum aus; die wachsende Zahl aber verdeckt stets das Eigentümliche des Wesens. Die Zeit geht weiter, die Botschaft wird gewohnt, das Gefühl der Neuheit verschwindet. Das Christentum wird zur Staatsreligion und damit zur offiziellen Ordnung des Gesamtlebens. Das Mittelalter vollends mit seiner großen menschlichen und werklichen Kultur beginnt überhaupt mit dem Christentum und weiß gar nicht anders, als daß dieses in Geltung ist. Es bilden sich die Begriffe der Christenheit und der christlichen Ordnung der Dinge. Ein frommer Mensch zu sein, sittlich zu streben, geistig hoch zu stehen — das alles fällt einfachhin mit dem Christsein zusammen. So verschwindet die Tatsache, daß das Christentum seinem Wesen nach etwas Ungewöhnliches ist, aus dem Bewußtsein; es wird zum Normalen und Gewohnten.

Dem gegenüber bildet sich eine neue Form der Ungewöhnlichkeit heraus. Sie hängt mit dem Begriff einer besonderen Berufung, einer besonderen Begnadung und Erprobung, eines nur wenigen beschiedenen, mühevollen und gefährlichen Lebensweges zusammen. Ansätze dazu haben sich schon im christlichen Altertum gezeigt: etwa in der besonderen Schätzung jener, die für den Herrn ihr Leben gegeben haben, der Martyrer, oder derer, die in die Einsamkeit gegangen sind und dort ein Leben von unerhörter Strenge geführt haben, der Einsiedler und Asketen. Recht eigentlich aber bildet sich dieser Heiligkeitsbegriff im Mittelalter heraus, dessen gewaltige menschliche und religiöse Kräfte sich in ungewöhnlichen Steigerungen christlichen Wagens und Leistens auswirken. Es entsteht die Vorstellung der heiligen Glaubensboten, Lenker der Kirche, Büßer und Beter, Meister heiliger Erkenntnis und Entdecker göttlicher Liebe. In der Neuzeit kommt dann noch etwas Weiteres hinzu. Das in der Renaissance durchbrechende Gefühl für das menschlich Ungewöhnliche strömt auch in der Vorstellung vom Heiligen ein, und mit dem Begriff der christlichen Auserwählung und Bewährung verbindet sich der des großen Menschen, des Schöpfers und Bahnbrechers, des Genies und des Helden.

Noch ein anderer Unterschied zeigt sich. In unserer Vorstellung vom Heiligen tritt das Sittliche sehr stark hervor. Er ist jener, der das Gute, die Tugend, in heroischem Maße übt. Dem liegt ein Idealbild zugrunde: der Heilige ist der Mensch, welcher die Idee des Christen — und im Christen des gottgefälligen Menschen — ganz verwirklicht. Er ist der wahre Christ; der Mensch, wie Gott ihn will; mit einem Wort, der Vollkommene.

Der ursprüngliche Begriff des Heiligen war ganz religiöser, ja mehr noch, pneumatischer Natur. Natürlich enthält der Begriff des Vollkommenen auch das Religiöse: alles das, was Erlösung und Gnade, Vorsehung und inneres Wirken Gottes bedeutet. Es ist aber sehr stark durch gedankliche Momente bestimmt, etwa die Idee vom rechten Menschen und Christen oder die Lehre von den richtigen Wegen und Methoden. Wenn man Paulus gefragt hätte, was die Heiligkeit der Heiligen ausmache, hätte er wahrscheinlich geantwortet: Das, was im Pfingstereignis in die

Welt gekommen ist. Heilig ist der Heilige Geist, und wiederum der Mensch, den der Geist ergreift. Heilig ist der Gott, der sich in Christus geoffenbart hat, und wiederum der Mensch, den der Geist zum lebendigen Reiche dieses Gottes macht. Die Heiligen waren also jene, in denen das Geheimnis des Lebendigen Gottes waltete, und die im Zusammenhang seiner auf die Heranführung des Reiches gerichteten Vorsehung standen, das heißt aber die Glaubenden und Getauften. Auch scheint es nach den Zeugnissen der Apostelgeschichte und Paulusbriefe fast zur Regel des Bekehrungsvorganges gehört zu haben, daß jene, welche sich zum Glauben entschlossen und die Taufe und die Auflegung der Hände empfingen, in besonderer Weise das Walten des Geistes erfuhren. Sich bekehren hieß, in den Kraftbereich jenes Mächtigen zu gelangen, der zu Pfingsten in die Welt eingetreten war und überall in den Gemeinden waltete. Paulus beschreibt im ersten Korintherbrief aufs lebendigste die verschiedenartigen Gnadengaben. »Charismen«, die den Gläubigen verliehen wurden: prophetische Begeistung, Fähigkeit, den anderen Menschen zu durchschauen, Macht des Wunders, Reden in neuen Sprachen u. a. m. So umgab die Christen der frühen Zeit ein besonderer Charakter des Geheimnisses. Bezeichnend dafür ist, was die Apostelgeschichte von der ersten Zeit erzählt, da die junge Gemeinde noch ganz in der alttestamentlichen Tradition stand: »Und große Furcht kam über die ganze Gemeinde und über alle, welche dieses hörten. Durch die Hand der Apostel aber geschahen viele Zeichen und Wunder im Volke. Sie pflegten sich in der Halle Salomons zusammenzufinden; von den übrigen aber wagte niemand, sich ihnen anzuschließen, sondern das Volk blickte mit Scheu auf sie.« (5, 11-13) Die »große Furcht«, welche die Umgebung vor ihnen empfand, bezog sich nicht auf irgendeinen Schaden, den die Anhänger Jesu ihr zufügen könnten, sondern auf das Geheimnis, das an ihnen fühlbar war.

Auch das wurde langsam anders. Der erschütternde Charakter des pneumatischen Waltens verlor sich. Die Apostelgeschichte erzählt, wie im Anfang, wenn die Apostel das Wort ergriffen oder auf irgendeine Herausforderung antworteten, der Geist mit Gewalt über sie kam — siehe für viele die Stelle, die von ihrem Gebet nach der ersten

Gefangennahme handelt und mit den Worten schließt: »Und als sie gebetet, erbebte der Ort, wo sie versammelt waren, und sie wurden alle erfüllt vom Heiligen Geist, und verkündeten das Wort Gottes in allem Freimut.“ (4, 31) Diese Spannung ließ nach. Die Stimmung des Alltags stellte sich ein. Wir fühlen den beginnenden Übergang schon bei Paulus, wenn er im ersten Korintherbrief die verschiedenen Geistwirkungen unterscheidet; jene empfiehlt, in denen nicht nur die Begeisterung, sondern auch der »Verstand« zu seinem Recht komme, und gegenüber dem Ungewöhnlichen die Führung des täglichen Daseins betont (12 und 14). So treten vernünftige Einsicht, sittliche Regel und Ordnung des Lebens im christlichen Leben immer mehr in den Vordergrund.

Das macht sich auch im neuen Begriff vom Heiligen geltend — allerdings so, daß er jener ist, der in diesen Ordnungen zur höchsten Stufe steigt. Er ist der Vollkommene. Vollkommen darin, daß er den von der christlichen Erfahrung herausgearbeiteten Weg richtig geht; sich vom Bösen läutert und von den Dingen der Welt löst, zur vollen Gottes- und Menschenliebe durchdringt und das neue Leben der Gnade zur höchsten Erfüllung bringt.

II

Beide Vorstellungen vom Heiligen haben ihren Sinn und stehen zueinander in einem deutlichen Verhältnis.

Zunächst wird man vom Begriff der Schrift ausgehen und sagen, der Heilige sei wesentlich der Christ einfachhin. Ihm ist Christus begegnet. Der Heilige Geist hat ihm das Auge geöffnet und das Herz gelöst. Er hat sich zu Christus und in Christus zum Vater bekehrt; hat den Willen des Vaters als Gesetz seines Lebens und die Vorsehung als Führung seines Daseins angenommen. Das Reich Gottes bildet für ihn den Sinn der Welt, und die Sorge für dieses Reich sein innerstes Anliegen. Der Geist ist als Beistand und Tröster bei ihm; öffnet ihm Christi Wahrheit; lehrt ihn beten und lieben; gibt ihm die Kraft, bekennend »Herr Jesus« zu sprechen, und hilft ihm, das Weltdasein ins ewige Leben zu überwinden. Das ist das Eigentliche, das Neue, der Beginn der zweiten Schöpfung.

Der spätere Begriff vom Heiligen als dem Menschen der Ausnahme bildet dazu keinen Widerspruch, sondern zeigt in hellem Licht und mit aufschreckender Kraft, was in der Form des schlichteren Daseins leicht übersehen wird. Alles aber, was er hervorhebt, findet sich wurzelhaft schon im einfachsten Christsein. Die großen Heiligen sind gewiß ungewöhnliche Erscheinungen; die Ungewöhnlichkeit einfachhin aber besteht schon in den Tatsachen der Offenbarung und des Glaubens, der Vorsehung und der Nähe des Reiches, der Bekehrung und Überwindung der Welt, die alle schon in der Christlichkeit als solcher gegeben oder wenigstens begonnen sind. Was in den Erkenntnissen der Heiligen so ungeheuer durchbricht, bildet bereits den Inhalt des schlichtesten christlichen Bewußtseins. So ehrfurchtgebietend die Erfahrungen der großen Beter und Mystiker sind, ein erster Anfang davon muß schon in der einfachen Glaubensgewißheit liegen, wenn sie dem Widerstand der Welt gegenüber bestehen soll. Der Heldenmut der Heiligen deutet sich bereits in der Liebe des alltäglichen Menschen an, der sich bemüht, um Christi willen seine Selbstsucht zu überwinden. Wenn der Glaubende sich vom Gang des Tages zutragen läßt, was er tun soll; darin den Willen des Vaters erkennt und mit Ihm in das Einvernehmen des Vertrauens und des Gehorchens kommt, dann ist das »der Weg« einfachhin, die Weisheit des Evangeliums selbst, über welche, so vortrefflich sie auch an sich sein mögen, keine Methoden hinausführen.

Aber auch der Heiligkeitsbegriff der Außergewöhnlichkeit ist wichtig, denn er schreckt den im Alltag versinkenden Menschen auf. Er ist wie eine Flamme, deren Licht uns zeigt, wer Gott ist, und wer wir. Er bürgt dafür, daß der Mensch mehr ist, als es im Alltag scheint; daß Gottes Gnade stark und seine Verheißungen wahr sind . . Allerdings liegt in ihm auch eine Gefahr: er führt unter Umständen dazu, die Wunder der Außergewöhnlichkeit zu überschätzen und darüber jenes still fortgehende Wunder nicht zu bemerken, das im gläubigen Dasein selbst, im Vertrauen auf die Vorsehung und im Werden des neuen Menschen liegt. Dennoch ist er richtig und unentbehrlich. Die Täglichkeit bedarf des Erschütternd-Ungewöhnlichen, um nicht stumpf zu werden. Die großen Heiligen sind Verkünder jener inneren Wirklichkeit, die in der Wirrnis des Weltdaseins immer wieder vergessen zu werden droht.

Wir haben gesehen, wie die geschichtliche Entwicklung dahin führte, die Christlichkeit als etwas Selbstverständliches, zur Norm des Daseins Gehörendes zu betrachten. Im Lauf der Neuzeit änderte sich das aber wieder. Fragen und Zweifel setzten ein; Widerspruch, Abneigung, Auflehnung machten sich geltend, und seit einiger Zeit ist jenes Gefühl der Selbstverständlichkeit im großen und ganzen verschwunden. Das Christentum wird sogar weithin als vergangen, falsch und schädlich empfunden. Eine nichtchristliche, der biblischen Offenbarung fremde, zum Teil entschieden feindliche Welt bildet sich heraus. So wird das Christsein immer deutlicher zur Sache eines bewußten Entschlusses. Zwei Entscheidungen werden nun wichtig. Die erste haben die Eltern zu vollziehen, wenn sie sich fragen, ob sie ihr Kind taufen lassen und christlich erziehen wollen. Die zweite der Einzelne selbst, wenn er herangewachsen ist und sich fragt, ob er in wirklicher Verantwortung Christ sein will — eine Entscheidung, die er gegenüber der Fremdheit oder Feindlichkeit seiner Umwelt aufrechterhalten, ja dann, wenn die Haltung dieser Umwelt ihm in neuen Konsequenzen klar wird, immer wieder neu vollziehen muß.

So wird der Unterschied wieder deutlich, und das Christsein gewinnt allmählich den alten Charakter der Ungewöhnlichkeit zurück. Von der Offenbarung Gottes berührt zu werden; aus dem Einvernehmen mit dem sich offenbarenden Gott zu leben; um Sein Reich zu wissen und die Sorge darum im Herzen zu tragen; Gottes Heiligkeit im eigenen Innern zu haben, und sei es auch nur in der Form der Sehnsucht und der Reue — das wird wieder als jenes Besondere empfunden, was es ist: Gnade, Glück, Verantwortung, Größe und Gefahr zugleich. Von hier aus wird auch der Sinn des neutestamentlichen Begriffes wieder deutlich: der Heilige ist der Christ einfachhin. Nicht daß nun jeder Christ ungewöhnliche religiöse Erlebnisse haben oder heldenmütige Leistungen des Glaubens vollbringen müßte. Im Gegenteil; das christliche Dasein wird wahrscheinlich sehr unscheinbar werden. Es wird die großen Möglichkeiten des Selbstausdrucks und der Selbstbestätigung nicht mehr haben, die ihm eine durch Herkommen christliche Umwelt geben konnte. Es wird arm werden, das Wort nicht bloß im äußeren, sondern auch im inneren Sinn genommen; sich ganz in die Lauterkeit des Glaubens und in die schlichten Dinge des täglichen Lebens zurückziehen müssen. In ebendieser Alltäglichkeit aber wird es einen neuen Charakter der Reinheit und Tapferkeit, der Preisgegebenheit und zugleich Behütung gewinnen.

Der Christ wird, um bestehen zu können, ein viel tieferes und reineres Bewußtsein seines Wesens gewinnen müssen. Er muß um die heilige Geschichte wissen, die sich vom Anfang der Welt her, durch all die Großtaten Gottes bis zu Christus und von Christus zu ihm selbst erstreckt. In einer viel lebendigeren Weise wird er an die Vorsehung in seinem persönlichen Leben glauben. Nicht im Sinn einer allgemeinen, weisen Weltordnung, sondern so, daß er sein Schicksal vom Lebendigen Vater im Himmel geführt und das Heil seines an sich so zufälligen und doch vor Gott so kostbaren Daseins mit dem Werden des Gottesreiches verbunden weiß. Daraus wird jedes Geschehen seinen Sinn und jede Stunde ihre Forderung bekommen. Durch das Einvernehmen mit dieser Führung — mehr als durch Regeln und Methoden — wird sein Leben gelenkt werden. Ein lebendiges Gefühl heiliger Abstammung wird in ihm erwachen: göttlichen Geschlechts zu sein, Geschwister Christi, Sohn und Tochter des Vaters, Freund des Heiligen Geistes. Die Taufe wird eine ganz neue Bedeutung gewinnen. Die Feier des Herrengedächtnisses wird nicht mehr die allgemeine Form christlicher Feierlichkeit sein, sondern das heilige Geheimnis des letzten Kommens und Bei-uns-Seins Gottes; der Ausdruck des Bundes, in welchem der Christ mitten in einer fremden, vielleicht feindlichen Welt mit Gott verständigt ist; die immer neue Verkündung seiner einstigen Wiederkehr.

Es scheint auch, daß die Grundquellen des Religiösen wieder stärker zu strömen anfangen. Die religiöse Erfahrung scheint an Kraft zu gewinnen. Alles das, was christliche Kultur heißt, Herkommen und Ordnung, System und Methode, hat bei aller Richtigkeit und Wichtigkeit auch eine verhängnisvolle Wirkung gehabt: es hat die christliche Erfahrung zur Seite gedrängt, sie überflüssig, vielleicht sogar verdächtig erscheinen lassen. Im Augenblick, da der Christ wieder einsam in einer fremden Welt aus dem inneren Einvernehmen mit Gott leben muß, wird es für ihn in neuer Weise wichtig, mit Paulus sprechen zu können: »Ich weiß, wem ich meinen Glauben gegeben habe.« Um Christus zu wissen und in Christus um den Vater; sich vom Heiligen Geiste geführt und in der Vorsehung geborgen zu fühlen — darin, nicht in äußeren Befugnissen und Leistungen, wird die wahre Mündigkeit des Christen bestehen.

III

In dieser Situation wird noch ein weiterer Zug am Wesen des Heiligen hervortreten, deutlicher, als es in der nun zu Ende gehenden Zeit christlicher Sicherheit möglich war — und damit kommen wir an eine dritte Verschiebung, die sich im Begriff vom Heiligen vollzogen hat.

Auch der spätere Begriff ist natürlich auf die Ewigkeit ausgerichtet; ist doch der Heilige jener, der sich von allem Vergänglichen löst und seine ganze Liebe auf Gott selbst wendet. Das Bild dieser Ewigkeit aber und das Verhältnis, in welchem sie zu Welt und Zeit gesehen wird, unterscheidet sich von dem der frühen Christenheit. Vielleicht kann man sagen, es habe einen systematischen Charakter. Die Ewigkeit erscheint als die Höhe, zu welcher der Mensch durch die Zeit hindurch emporklimmt; als das große, letzt-gültige Reich, das beginnt, sobald das vergängliche und vorbereitende dieses Lebens sein Ende findet. Auch hier ist also jenes Gefühl, von dem oben die Rede war, die Welt sei das Natürliche, in sich Verständliche und Gesicherte, durchgedrungen. Den ersten christlichen Generationen hingegen erschien die Zeit als etwas, das unter der Macht der Ewigkeit steht. Die Ewigkeit drängte in die Zeit herein und offenbarte sie als fragwürdig. Der lebendige Christus stand »an der Tür« der Welt und wartete auf »den Tag und die Stunde, die der Vater vorbestimmt hat in seiner Vollmacht«, um der Welt ihr Ende zu setzen — Zeit und Welt aber standen unter der Wirkung dieses stillen, erschütternden Wartens. Der Christ empfand dessen drängende Nähe; er fühlte, wie es den Dingen ihre Dichtigkeit, den Ordnungen der Welt ihre Sicherheit, den Überlegungen und Planungen ihre Zuverlässigkeit nahm. In den Paulusbriefen tritt dieses Gefühl überall hervor. Im Brief an die Philipper — um nur ein Beispiel für viele zu nennen — heißt es: »Unsere Heimat ist im Himmel, und wir warten auf den Erlöser, der von dorther kommen soll, den Herrn Jesus Christus. Er wird den Leib unserer Niedrigkeit umwandeln zur Gleichgestaltung mit dem Leibe seiner Herrlichkeit, mit jener Kraft, mit der Er auch alles Übrige sich untertan zu machen vermag.« (3, 20-21)

Ein ganz anderes Weltgefühl also, als wir es kennen. Die Sicherheit, welche die Welt durch Naturwissenschaft und Technik, wirtschaftliche und soziale Planung, durch die ganze neuzeitliche Selbstmächtigkeit des Menschen erlangt hat, fehlt hier. Alles steht unmittelbar unter der Macht Gottes. Alles war einbezogen in das ungeheure Geschehen von Gottes Kommen und Handeln, seines Schicksals in der Welt, seines Weggehens und scheinbaren Schweigens, seines Wartens auf die Stunde der Rückkehr und seines endgültigen Triumphs .. Der Heilige aber ist jener, der um alles das weiß. Er ist im Glauben verständigt, wie es wirklich um das Dasein steht. Er sieht, während die Anderen blind sind. Er ist nüchtern, während die Anderen sich betäuben. Er fühlt die Vergänglichkeit, während die Anderen mit der Welt leben, als bliebe sie. Er kennt die Bangigkeit vor dem göttlichen Nahen, aber auch die selige Erwartung, das Harren der Kreatur auf die Befreiung und Erfüllung. Das Innerste seines Herzens drückt sich in den wunderbaren Sätzen des Römerbriefes aus:

»Denn ich halte dafür, daß die Leiden der Gegenwart nichts gelten vor der Herrlichkeit, die sich einst an uns offenbaren soll. Denn das sehnsüchtige Harren der Schöpfung wartet auf die Offenbarung der Söhne Gottes. Denn die Schöpfung war der Vergänglichkeit unterworfen — nicht freiwillig, sondern durch die Macht Dessen, der sie unterwarf — hoffend, daß auch sie, die Schöpfung, einst vom Dienste der Verwesung befreit werden soll zur Freiheit der Herrlichkeit der Kinder Gottes. Wissen wir doch, daß allüberall die ganze Schöpfung seufzt und in Wehen liegt bis zur Stunde. Und nicht nur sie, sondern auch wir selbst, die wir die Erstlingsgabe des Geistes haben, seufzen in uns selbst, unserer Sohnesrechte harrend, der Erlösung unseres

Leibes. Denn auf Hoffnung hin sind wir gerettet; Hoffnung aber, [deren Erfüllung] man sieht, ist keine Hoffnung. [Denn] was man sieht — wozu soll man das erst erhoffen? Wenn wir aber [wirklich] auf das hoffen, was wir nicht sehen, so laßt uns denn auch harren in Geduld. [Tun wir das], dann waltet auch der Geist und hilft unserer Schwachheit. Denn wie wir recht beten sollen, wissen wir nicht; so tritt der Geist selbst ein mit unaussprechlichem Seufzen. Der aber die Herzen erforscht, weiß, was der Geist will, weil er nach Gottes Sinn für Heilige eintritt. Wir wissen aber, daß denen, die Gott lieben, alles zum Besten gereicht, ihnen, die da nach dem Ratschluß berufen sind. Denn die Er zuvor ausersehen, hat Er auch vorausbestimmt zur Eingestaltung in seines Sohnes Bild, auf daß Er der Erstgeborene sei unter vielen Brüdern. Die Er aber vorausbestimmt, hat Er auch berufen; die Er berufen, auch gerechtfertigt; die Er gerechtfertigt, auch verherrlicht. Was sollen wir also dazu sagen? Ist Gott für uns, wer ist dann wider uns? Der seines eigenen Sohnes nicht geschont, sondern Ihn für uns alle dahingegeben hat — wie sollte Er uns zugleich mit Ihm nicht auch alles Übrige schenken? Wer wird Klagen erheben wider Auserwählte Gottes? Gott ist da und rechtfertigt: wer erhebt sich und verdammt? Christus Jesus ist da, der Gestorbene, vielmehr Auferweckte, der zur Rechten Gottes ist, und tritt für uns ein [: wer steht auf und verklagt uns? Was aber unser Verhältnis zu Ihm angeht —] wer will uns von der Liebe des Christus scheiden? Trübsal, oder Bedrängnis, oder Verfolgung, oder Hunger, oder Blöße, oder Gefahr, oder Schwert . . .? Nein, denn in alledem überwinden wir durch Den, der uns geliebt hat. Denn ich bin gewiß, weder Tod noch Leben, weder Engel noch Gewalten, weder Gegenwärtiges noch Zukünftiges noch irgendwelche Mächte, weder Höhe noch Tiefe noch irgendein anderes Wesen vermag uns zu scheiden von der Liebe Gottes, die da ist in Christus Jesus, unserem Herrn.« (8, 18-39)

In diesen Sätzen liegt das Wesen des biblischen Heiligen . . Das hat sich in etwa verloren. Das christliche Dasein ist — nicht an sich und wesentlich, aber in der Art, wie es weithin vorgestellt und empfunden wurde — zu einer höheren Stufe des Weltdaseins geworden. Wohl hat es sich immer glaubend, hoffend, strebend auf das Einstige gerichtet, aber die Bewegung, in der alles stand, hat nachgelassen. Die Erschütterung von drüben her wurde nicht mehr empfunden, und das christliche Dasein hörte auf, ein Warten auf das Kommende zu sein.

Nun dringt das alles wieder durch. Im Maße das christliche Dasein aufhört, selbstverständlich zu scheinen, hat es auch keine Veranlassung mehr, die Welt als einfachhin gegeben und sicher zu empfinden. Wer sich entscheidet, Christ zu sein, wird auch dafür offen, wie es in Wahrheit mit ihr steht. Sobald er es auf sich nimmt, in einer Welt zu leben, die ihn als fremd oder gar feindlich empfindet, blickt er nicht mehr von den Zeichen weg, die ihm die Fragwürdigkeit dieser Welt verraten. Er wird das Gefühl der Unsicherheit der Welt, das er vorher verdrängt hat, nun zulassen. Daraus wird er aber keine Philosophie trotziger Daseinsbejahung machen, sondern sehen, daß Gott der wahrhaft Seiende ist, und »die Gestalt der Welt vergeht«. Er wird sich in das Handeln Gottes hineingerufen und in das Einverständnis mit Ihm aufgenommen fühlen.

Von hier aus gewinnt auch das zweite Bild vom Heiligen einen neuen Sinn. Es wird deutlich, daß auch bei den großen Heiligen das eigentlich Wichtige nicht »die Vollkommenheit«, sondern die Gewalt ist, mit welcher sich in ihnen das Kommen Christi ankündigt; die Sehnsucht nach ihm und das Leben auf es hin.

Das innerste Wesen des Heiligen besteht in dem, wovon das letzte Wort des Neuen Testamentes und damit der Schrift überhaupt spricht. In der Geheimen Offenbarung heißt es nämlich: »Und der Geist und die Braut sprechen: ›Komm!‹ Und wer es hört, soll sagen: ›Komm!‹ Und der Durstige soll kommen, und der, den es nach dem Wasser des Lebens verlangt, soll umsonst empfangen ... Es spricht, der das bezeugt: ›Ja, ich komme bald.‹ Amen, komm, Herr Jesus!« (22, 17-20) Der Heilige im ungewöhnlichen Sinne ist jener, in welchem »der Geist« zur vollen Kraft des Rufens gelangt, und das Wesen des Menschen ganz zur »Braut« im apokalyptischen Sinn geworden ist. Er ist der Christ, der vom Nahen des »Lammes« ganz erfaßt ist und Ihm »entgegengeht«.

DER WIDERSACHER

I

An verschiedenen Stellen des Neuen Testamentes — sieht man genauer zu, sind es sogar ziemlich viele — spricht Jesus vom Widersacher Gottes und der Menschen, dem Satan. Er tut es in verschiedener Weise: so, daß Er ihn den Feind des Lichtes und des Guten nennt, oder in ihm den Urheber körperlicher und seelischer Krankheiten sieht, oder aber ihm in unmittelbarem Kampf entgegentritt. Diese Tatsache hat die Neuzeit, soweit sie an Jesus festzuhalten suchte, in große Verlegenheit gebracht, und sie hat sich bemüht, den Gedanken des Satans und seiner Macht aus dem Geistesbilde Jesu auszuscheiden. Sie hat die peinlichen Worte und Geschehnisse umgangen und die Aufmerksamkeit ganz auf die angeblich rein »religiös-ethischen« Gehalte der Person und Botschaft Jesu gerichtet — oder sie hat geradezu erklärt, die Überzeugung von der Wirklichkeit Satans gehöre zur Denkweise unentwickelter Völker und absinkender Zeiten; was sich also davon bei Jesus finde, seien Reste einer noch nicht ganz überwundenen Vergangenheit. Wir müssen uns aber darüber klar sein, daß das Wissen um das Dasein gegen Gott empörter und den Menschen feindlich gesinnter geistiger Wesen, unter ihnen eines besonders Hervorragenden und Beherrschenden, Satan geheißen, untilgbar zum Bilde Jesu, ja daß es zu seinem Auftragsbewußtsein gehört. Einen Jesus ohne dieses Wissen gibt es nicht.

Jesus wußte sich gesendet, das Heil der Menschen zu wirken. Diese Aufgabe bestand aber nicht nur darin, eine religiöse Wahrheit zu lehren, oder dem Dasein eine Richtung und dem Leben eine Ordnung zu geben, sondern zu handeln. Er sollte jene Geschichte vollenden und in neuen Beginn hinübertragen, die Gott seit Jahrhunderten zu führen am Werke war. Dieses Handeln war auch ein Kampf, freilich besonderer Art. Seine Gegner waren vor allem die feindlichen Gruppen im jüdischen Volke: Pharisäer und Sadduzäer, Älteste, Priester und Hohepriester. Es waren die umgehenden Anschauungen, in denen sich die Lehre vom einen Gott, das Bild des Messias und des messianischen Reiches und das Bedeutungsbewußtsein des berufenen Volkes derart verkehrt hatten, daß sie wie Mauern gegen Ihn standen. Es waren endlich die widerstrebenden Gesinnungen im Menschen überhaupt; das, was sich dem Erlöser, wenn Er das innere Umdenken und Neuwerden forderte, verschloß. Hinter alledem stand aber noch etwas Weiteres: eine dunkle, nur selten deutlich hervortretende Welt; Wesen, Mächte, Absichten; Satan und mit ihm andere, von Gott abgefallene, ihm untergebene Geister, die eine Art Ordnung, richtiger gesagt, eine Widerordnung, ein durch seinen zerstörenden Willen geeintes Un-Reich bilden.

Das zuzugeben fällt uns schwer. Im Grunde empfinden wir wie die bereits genannte Neuzeit. Gedanken dieser Art scheinen uns fragwürdig und unsauber, und wir möchten die reine Gestalt Jesu von ihnen befreien. Bei dieser Stellungnahme wirkt Verschiedenes zusammen. Aus der Geschichte des Religiösen wissen wir, wie verbreitet der Glaube an Dämonen und wieviel Dumpfheit und Aberglaube in ihm ist. Wir wissen, daß er aufs engste mit dem Triebleben zusammenhängt und daß Krankheit und Unnatur eine große Rolle in ihm spielen. Wir hören, wie sehr Menschen durch den Glauben an solche Mächte gequält werden, und eine innere Warnung sagt uns, daß in uns selbst manches Verworrene und Ängstigende ist, das durch jenen Glauben geweckt werden könnte. So wollen wir nichts mit diesen Dingen zu tun haben. Ein Gefühl der Reinlichkeit zieht sich vor ihnen zurück. Der Instinkt der Selbsterhaltung wehrt sie ab . . Das alles ist verständlich, hebt aber die Tatsache nicht auf, daß Jesus vom Satan spricht. Und nicht wie ein geistig Unentwickelter oder ein Verworrener oder ein Kranker es tun, sondern überlegen und klar. Auch nicht nur symbolisch, indem Er ihn als Verkörperung des Bösen ansähe; oder pädagogisch, indem Er nun einmal umgehende Anschauungen verwendete, um das auszudrücken, was Ihm eigentlich wichtig ist, sondern geradezu und als eigene Aussage. Jesus weiß, daß es den Widersacher und seine Helfer gibt; und ebenso weiß Er, daß Er wider ihn kämpfen und ihn überwinden muß.

Durch das ganze Leben des Herrn zieht sich dieser Kampf. Es ist kein Zufall, daß am Anfang des Berichtes von seinem öffentlichen Wirken die Geschichte der Versuchung steht (Mt 4, 1-11). Auch sie hat man unschädlich machen wollen. Entweder religionsgeschichtlich, indem man sich zu zeigen bemühte, das Versuchungsgeschehnis sei ein stehender Bestandteil im Leben des religiösen Helden; oder psychologisch, indem man es als Ausdruck innerer Krisen der außergewöhnlichen religiösen Existenz auffaßte. Davon kann aber keine Rede sein. Das Ereignis gehört unablösbar zum Leben Christi, und der Bericht von ihm trägt wesentlich dazu bei, den Aufbau dieses Lebens besser zu verstehen. In der Versuchungsgeschichte tritt zum erstenmal scharf und grell etwas hervor, was sich dann durch alles Folgende hindurchzieht, um am Ende wieder durchzubrechen.

Immer wieder steht Jesus dem Satan gegenüber. Dieser erscheint als der Urheber von Krankheiten, oder als die »unreine« Macht, welche die Besessenen beherrscht . . Man sagt, das seien Anschauungen primitiver Medizin, die ja bei allen Völkern dazu neige, Krankheitserscheinungen und überhaupt schädigende Vorgänge auf dämonische Wesen zurückzuführen. Was aber die angebliche Besessenheit angehe, so handle es sich um eine bestimmte Form der Gemütserkrankung, die sich auch heute noch finde, und bei welcher gewisse Störungen im Triebleben sich durch das Bild des Dämons ausdrückten. Das alles mag zunächst richtig sein; wenn aber Jesus hinter dem Zustande bestimmter Kranker oder seelisch Geplagter feindliche Wesen erblickt und ihnen entgegentritt, dann gibt es keine Möglichkeit, das anders als wörtlich zu nehmen. Schwächen wir diese Gedanken und Haltungen historisch oder symbolisch ab, dann besteht kein Grund, es nicht auch in anderen Fällen zu tun, etwa bei den Lehren von der ewigen Verworfenheit, oder vom Untergang der Welt und dem Jüngsten Gericht, oder von der Auferstehung der Toten, und es ist schlechterdings nicht abzusehen, wo man aufhören soll. Dann wird in der

Heiligen Schrift immer das »symbolisch« verstanden werden, was dem betreffenden Leser widersteht. Damit ist aber alles aufgehoben, worauf es ankommt. Wenn Jesus die Erscheinung des lebendigen Gottes und die endgültige Offenbarung der Wahrheit ist, dann wird es grundsätzlich unmöglich, über Ihn zu urteilen. Wir müssen vielmehr seine Botschaft so annehmen, wie Er sie verkündet, um dann aus ihr heraus über die Welt und uns selbst zu urteilen. Sicher gibt es eine magische Medizin, die Dämonen sieht, wo unsere Mikroskope Bazillen feststellen; sicher ist es ein Zeichen mangelhafter psychologischer Erkenntnis, den am Besessenheitswahn Erkrankten für vom Teufel beherrscht zu halten, während in Wahrheit sein Triebleben in Unordnung ist. Es steht auch durchaus dahin, wie weit die Kranken und Besessenen des Neuen Testaments Gegenstand ärztlicher Diagnose und Therapie sein könnten und müßten. Tatsache ist aber jedenfalls, daß Jesus vor ihnen vom Widersacher Gottes spricht und sie heilt, indem er diesen aus seiner Macht stößt. Wenn wir es also mit der Offenbarung ernst meinen, müssen wir sagen, daß es dann eben so ist.

In solchen Fällen sieht Jesus hinter dem organischen oder psychologischen Zustand eine Macht, die der Arzt nicht sieht — Gott habe ihm denn die Gabe der Unterscheidung der Geister verliehen. Es wäre medizinische Unwissenheit, zu sagen, Epilepsie oder Depression als solche würden durch den Dämon bewirkt; das tut aber weder der Evangelist, noch viel weniger Jesus selbst. Der Bericht Mk 9, 14-29 zum Beispiel erzählt von einem Kranken, dessen Zustand wir als Fallsucht bezeichnen würden. Das Volk nimmt den herrschenden Anschauungen gemäß an, er werde durch einen Dämon bewirkt. Jesus sichtet auch tatsächlich hinter den Symptomen den Widersacher, tritt ihm entgegen, und der Kranke wird gesund. Wie steht es also mit dem ganzen Zusammenhang? Wenn der Vater des Knaben sagt: »der unreine Geist wirft ihn ins Feuer und ins Wasser, um ihn ums Leben zu bringen«, so ist das zunächst Volksglaube, Aberglaube, wenn man will. Wenn aber dann Jesus nicht rät, man solle ihn baden, oder die und die Speisen vermeiden, sondern »den unreinen Geist bedroht« und ihm gebietet, »fahre aus von ihm und ziehe nicht mehr in ihn ein!« — dann bedeutet das nicht, daß Jesus laienhafte oder abergläubische Ansichten vom Wesen der Krankheit hat, sondern daß Er dort sieht und weiß, wo die Leute ringsherum weder sehen noch wissen können. Die gleiche Aussage bedeutet im Munde verschiedener Menschen ganz Verschiedenes; im Munde Jesu ist sie Wort Gottes und offenbart. Wir müssen in diesen Dingen sehr genau sein, denn jedes Abgleiten und Umbiegen rächt sich bitter.

Wenn nun Jesus heilt, dann hat das nicht nur den Charakter des Wissens und der Überlegenheit, des Erbarmens und Helfens, sondern des Kampfes. Die Krankheit ist nicht nur ein organisches oder seelisches Übel, das in Ordnung gebracht werden muß, sondern ein Schaden, den der Feind angerichtet hat. Zugleich ein Wall, hinter dem er sich verbirgt, und eine Waffe, mit der er kämpft. Sie ist Ausdruck eines Willens, der die Geschöpfe Gottes plagen, die vom Schöpfer gesetzte Ordnung des Lebens stören, die Menschen von Ihm wegreißen will. Sie zu heilen und die hinter ihr stehende Macht zu überwinden, ist ein Sieg.

Besonders stark wird das Bewußtsein dieses Kampfes gegen Ende des Lebens Jesu. Das zeigt sich in Worten wie denen, daß jetzt die Stunde der »Macht der Finsternis« sei (Lk 22, 53); daß jetzt »der Fürst der Welt kommt«, aber »keine Macht über ihn hat« (Joh 14, 30); daß »Satan gefordert hat«, die Jünger »sieben zu dürfen, wie man den Weizen siebt; Er aber gebetet hat, daß der Glaube des Petrus nicht wanke und dieser, wenn er sich dann wieder bekehrt, seine Brüder stärken« solle (Lk 22, 31-32). Am Ende des Versuchungsberichtes hat es geheißen: »Und nachdem der Teufel seine Versuchungen zu Ende gebracht hatte, ließ er bis zu einer gelegeneren Zeit von ihm ab.« (Lk 4, 13) Der Kampf wird für diesen Augenblick abgebrochen, zieht sich aber dann durch Jesu ganzes Leben hin, um am Ende in die entscheidende Phase einzutreten. Jesu Tod und Auferstehung ist der Sieg.

II

Was ist das aber für ein Kampf? Wie hat Jesus ihn geführt?

Die Antwort wird dadurch erschwert, daß falsche Vorstellungen bereitstehen und sie beeinflussen. Die eine stammt aus der Gedankenwelt der Zauberei und Magie. Der Magier hat Macht über die dunklen Wesen, weil er die Gesetze kennt, denen sie unterliegen; Worte und Namen weiß, denen sie gehorchen müssen. Die andere Vorstellung kommt aus dem Bereich der Geistesschulung. Der Mensch, der seinen Geist reinigt, seinen Willen sammelt und übt, erwirbt eine Kraft, mit der er feindliche geistige Kräfte zu überwinden vermag, so, wie ein willensstarker Mensch einen anderen bezwingt .. Von hier aus würde der Sieg über den Widersacher bedeuten, daß Jesus die geheimen Gesetze und Worte, denen sein Gegner unterworfen war, gekannt und angewendet, oder daß Er mit der Kraft seines gereinigten Wesens dessen unlautere Macht überwunden hätte. Es bedarf keines Nachweises, daß von der ersten Vorstellung keine Rede ist; aber auch die zweite trifft nicht zu. Nie erinnert die Haltung Jesu an die eines indischen Yogi. Keine Stelle des Neuen Testaments zeigt, wie er sich in der Konzentration übt. Nirgendwo lesen wir, daß er sich in der eigenen Mitte sammelt und von dort aus mit der Kraft des Gedankens und des Willens den Gegner bezwingt. Die Zusammenstöße mit dem Satan tragen immer den Charakter reiner Mühelosigkeit — so sehr, daß wir zweifeln, ob für das, was geschieht, das Wort vom „Kampf" überhaupt am Platze sei. Da gibt es kein Messen der Kräfte, keine Augenblicke der Unentschiedenheit, kein Sich-Spannen und Obsiegen. Die Form, wie der Zusammenstoß sich vollzieht, ist immer die, daß Jesus befiehlt, und der Widersacher gehorchen muß.

Was geht also vor sich? In welchem Sinn kann man von einem Kampf reden? Fragen wir so: Was will der Feind? Er hat sich gegen seinen Schöpfer empört und will auch dessen andere Geschöpfe in die Empörung hineinreißen. Er will das Reich Gottes, das eine Ordnung der Gnade und Freiheit, der Wahrheit und Liebe ist, zerstören. Er will Gott die Ehre nehmen, Ihn aus der Schöpfung hinausdrängen. Ja wir werden uns wohl entschließen müssen, zu sagen: er will Gott selbst stürzen. Im neunzehnten Jahrhundert hat ein Mann diesen Willen mit aller Klarheit ausgesprochen, Friedrich Nietzsche, in seinem Gegen-Evangelium, dort, wo er verkündet: »Gott ist tot.« Dahinter steht der Wille, Ihn zu töten. Dieser Wille ist eine so grauenhafte Verbindung von Ruchlosigkeit und Wahnsinn, daß wir uns fragen müssen, wie dergleichen überhaupt möglich sei. Allein die innerste Gestalt des Bösen ist ja der Trug, auch und vor allem gegen sich selbst: aus ihm kommt dieser Wille.

In diesem Kampfe war der Fall der ersten Menschen ein erster, ungeheurer Sieg. Satan hat dann den Kampf durch die Geschichte weitergeführt und die Siege gehäuft; und es ist eine schwere Frage, wie das geschehen konnte, wenn doch Gott der Herr der Welt, und nicht nur der Heilige, sondern auch der Allmächtige ist. Allein Er hat den Menschen zu einer Gemeinschaft der Wahrheit und Liebe gerufen, die nur in Freiheit verwirklicht werden kann; und da Gott wahr ist, mußte Er dem Menschen die Möglichkeit freigeben, sich auch gegen Seinen Willen zu entscheiden. Sie ist zur Wirklichkeit geworden. In das Warum dringt kein Blick. Es ist das Geheimnis des Anfangs, der Freiheit, das *mysterium iniquitatis*. Und sie ist immer wieder zur Wirklichkeit geworden. Auch nachdem Gott begonnen hatte, mitten in der allgemeinen Menschengeschichte eine besondere, heilige Geschichte zu führen, die sein Reich aufs neue unter den Menschen aufrichten und die Erlösung bringen sollte, ist der Kampf weitergegangen und hat von Abfall zu Abfall, von Verhärtung zu Verhärtung geführt. Aber auch dazu mußte Gott Raum lassen, weil Er redlich ist und die Freiheit des Menschen achtet.

So wuchs die Macht des Bösen immer gewaltiger an. Endlich sandte der ewige Vater seinen Sohn, die lebendige Offenbarung seines Wesens und seines Willens. Dieser führte das Reich Gottes heran und rief die Menschen auf, daß sie es annähmen und so der großen Möglichkeit Raum gäben, von der die Propheten gesprochen hatten. Nun kam die Entscheidung: Würde es dem Widersacher gelingen, den Sohn Gottes zu besiegen? Mit das Furchtbarste an der Sünde war die Unklarheit ihrer Macht. Alles schien möglich; sogar, daß Satan Gott stürze. Gehen wir für einen Augenblick — nur für einen Augenblick — auf diesen Un-Gedanken ein: Worin hätte diese Überwältigung bestanden? Wenn Satan es fertiggebracht hätte, Ihn aus der reinen Linie der Wahrheit und der Liebe zu drängen.

Je näher ein Mensch Gott kommt, desto schwerer wiegen seine Sünden. Für Einen, der in der Vertrautheit des Lebendigen Gottes steht, sind Dinge, die unser stumpfes Herz nicht weiter schwer nimmt, schon ein großes Unrecht. Regungen, die uns gar nicht besonders zu Bewußtsein kommen, gefährden sein ganzes Verhältnis zu Gott. Wenn Jesus der Mensch gewordene Gottessohn, der »Heilige Gottes« (Lk 4, 34) war, stand Er in jedem Augenblick unter der absoluten Forderung. Dann gab es bei Ihm kein Fallen und Sich-Erheben, Streben und Besser-Werden. Tatsächlich fehlt denn auch in seiner äußeren wie inneren Haltung das Moment des sittlichen Kämpfens vollkommen. Nirgendwo Schwierigkeiten, Unsicherheiten, Krisen und Durchbrüche, nur reine Vollkommenheit. Niemals aber, und das ist das Unbegreifliche, entsteht jener Eindruck, den eine auch nur irgendwie ähnliche Haltung unfehlbar bei einem bloßen Menschen erwecken würde; sie erscheint nie künstlich oder unnatürlich, hat nie die Kälte des Fertigen und Abgeschlossenen, sondern ist ganz lebendig. Alles an Ihm atmet, ist von wundersamer Frische, charakteristisch und schön. Jesus ist weder ein Suchender und Kämpfender, wodurch Er den Eindruck starken Lebens machen würde, aber nicht mehr vollkommen wäre — noch ist Er ein Fertiger, wodurch Er fehlerlos und vollkommen wäre, aber auf Kosten lebendiger Menschlichkeit. Diese Begriffe gelten bei Ihm nicht, denn Er ist etwas anderes: der Mensch gewordene Sohn Gottes.

So führt Er ein Dasein, das über unsere Möglichkeiten des Begreifens hinausgeht. Die Forderung, unter der Er steht, heißt nicht, wie bei uns, guten Willens zu sein, unablässig zu streben, begangene Fehler zu bereuen und mit neuer Bereitschaft zu beginnen. Alles das enthält die Voraussetzung der guten und bösen Neigungen, der Möglichkeit des Fehlens und der Notwendigkeit des Strebens, woraus unser aller Dasein verstanden werden muß. Diese Voraussetzung gibt es in Jesus nicht. Sein Menschentum ist vollkommen rein; dessen Gesinnung ganz von der des ewigen, Ihm geeinten Gottessohnes regiert. Er steht unter der Forderung, in jedem Augenblick ganz und vollkommen den allheiligen Willen des Vaters zu vollbringen. So wäre ein Abbiegen oder Versagen bei Ihm nicht das, was es bei jedem Menschen bedeutet, nämlich den unvermeidbaren Tribut an das Irdische, je nach dem Rang des betreffenden Menschen mehr oder weniger schwer wiegend, sondern es würde den ganzen Sinn seiner Existenz aufheben.

Auf dem Dasein Jesu lastet eine erschreckende Entscheidungsschwere. In jeder Tat, in jedem Wort, in jeder Regung des Inneren ist von Ihm nicht nur das Bessere, sondern das Höchste, nein das Ganze, die Wahrheit und Heiligkeit einfachhin gefordert. Jeder Mensch würde darunter zerbrechen; ja schon der Versuch würde ihn zerstören. Es ist aber das Unbegreifliche an Jesus, daß Er diese Last nicht nur trägt, sondern dabei ganz natürlich, klar, frei, liebenswert ist. Alle schönen und guten Worte müßte man häufen, um das Wunder dieser göttlichen Leichtigkeit unter der Schwere einer so unausdenklichen Verantwortung auszudrücken.

Was verlangt aber der Wille des Vaters? Daß Er das Reich Gottes heranführe; Seine Herrschaft im erstberufenen Volke und von diesem aus in der Welt verwirkliche; die Umwandlung des Daseins zum »neuen Menschen« unter dem »neuen Himmel« und auf der »neuen Erde« beginne. Damit das geschehe, muß das Volk sich Ihm in Glaube und Liebe zukehren. Er bringt die Fülle der Gnade und des Heils; die muß aber in Freiheit angenommen werden. Und das im Zusammenhang einer Geschichte, die fast eineinhalb Jahrtausende zurückgeht und von all dem Ungehorsam, dem Abfall, der Empörung durchwirkt ist, welche aus den Büchern des Alten Testamentes reden. In der Stimmung des Gemütes, in der Form des Denkens und Tuns ist das alles noch da. Das Volk, dem der Messias mit seiner Botschaft entgegentritt, hat sich in Haltungen und Vorstellungen festgebaut, die seinen Eigenwillen schützen. Die Botschaft verkünden, heißt also, die ganze Existenzfrage dieses Volkes aufrollen. Der das ganze Neue, die Wende von Allem bringt, ruft ebendamit alles Alte auf und zieht die Konsequenz der ganzen voraufgegangenen Geschichte.

Das aber muß Er in Ehrfurcht vor der Freiheit des Menschen tun. Die Freiheit muß so wahr sein, als das groß ist, was ihr anvertraut wird. Er muß verkünden, aber nicht beeinflussen; lehren, aber nicht werben; warnen, aber nicht ängstigen; eindringlich werden, aber nicht zwingen. Alles ist Ihm versagt, was Schwäche oder Leidenschaft in Dienst nähme .. Er darf sich auch nicht schützen, nicht ausweichen, nicht fliehen. Er sieht den Menschen bis auf den Grund und kennt ihr Inneres in all seinen Regungen; Er hat Macht nicht bloß des Gedankens, des Wortes, der Bilder und des Gefühls, sondern unmittelbare Macht über die Natur, Macht des Wunders. Diese soll Er aber in göttlicher Reinheit brauchen, so daß sie niemals den Entschluß der Menschen beugt. Verstehen wir von hier aus den Sinn der Versuchungen, die Ihn veranlassen wollen, seine Macht im Dienst des Eigenwillens zu verwenden und so die Lauterkeit des Erlösertums zu trüben? Ahnen wir, was das für ein Leben sein mußte: das Heil, die unendliche Möglichkeit zu bringen und sie mit keiner, auch nur der leisesten Gewalt durchsetzen zu dürfen? Die Menschen in ihrer Not und Verlassenheit zu sehen, und sie doch in keiner Weise zu ihrem Besten verführen noch zwingen zu dürfen? Jesus nimmt wahr, wie die Geschichte von Urzeiten her auf Ihn zuströmt und sich um Ihn sammelt; wie darin alles geschehene Böse erwacht und sich gegen Ihn wendet, bereit, seine Konsequenzen zu ziehen — und muß ihm Raum geben. Er darf sprechen, verkünden, warnen, darf seine Güte und Großmut und helfende Wundermacht auswirken, aber nur so, daß die Freiheit der Menschen dadurch nicht genötigt, noch die Wahrheit des Geschehens getrübt wird. Er sieht, wie die Entscheidung sich gegen Ihn neigt — und durch welche Menschen, durch welche Armseligkeiten, durch welche Zufälle! —, muß ihr aber den Weg freigeben. Er sieht, wie sich alles zu einem Schicksal zusammenzieht, von dessen Furchtbarkeit uns die Stunde von Gethsemane eine Ahnung gibt, und darf nichts tun, um es abzuwenden. Das aber nicht aus Schwäche, oder Unentschlossenheit, oder einer Fügsamkeit seiner Natur, sondern aus der Vollkommenheit reinsten Mutes und göttlicher Verantwortung.

Hinter alledem, was sich gegen Ihn wendet, steht der Widersacher. Er will jetzt erreichen, was ihm zu Anfang durch die Versuchung nicht gelungen ist: daß Jesus, und sei es nur einen Augenblick lang, die Reinheit seiner Haltung verlasse; daß Er aus Furcht oder Empörung oder verletztem Stolz, aus dem Eifer der Sendung oder aus dem Erbarmen gegen die Menschen den Willen des Vaters verrate. Geschähe das, auch nur mit einem Gedanken, dann hätte Satan gesiegt, denn der da Gottes Willen verriete, wäre nicht ein bloßer Mensch, sondern der Gottessohn. Gott stünde gegen Gott, und — sagen wir, was gesagt werden muß: es wäre mit Gott vorbei.

Daß das nicht geschieht, darin besteht Jesu Sieg. Sein »Kampf« ist also kein Zusammenstoß von Macht und Macht, kein Ringen von Kraft wider Kraft, keine Konzentration eines Willens gegen einen fremden, sondern etwas ganz anderes von unfaßlicher Größe, Lauterkeit und Stille: das Ausharren in der reinen Wahrheit; die Verwirklichung des göttlichen Willens bis in den letzten Rest; die vollkommene Freiheit in der Fülle der Möglichkeiten; die Großmut und Liebe in ihrer schlechthinnigen Vollendung.

Wir sagten, an der Sünde sei besonders furchtbar die Tatsache gewesen, daß nicht zu sehen war, wie weit ihre Macht reiche. Niemand wußte, wessen sie fähig sein würde, und die Täuschung Satans — Täuschung auch wider ihn selbst, der ganz aus der Lüge lebt — war der Schein, er könne Gott aus seiner Wahrheit heben. Damit hätte er Den, dessen Herrschaft darauf ruht, daß Er »würdig ist, zu besitzen die Macht und die Ehre und die Herrlichkeit und die Anbetung«, vom Thron gestoßen. Er hat den Versuch mit allen Mitteln durchgeführt; das Ergebnis aber war, daß Christus den vollkommenen Erweis der Liebe und des Gehorsams vollbrachte. Da wurde klar, daß Gott nicht nur größer ist als die Dinge und Kräfte der Natur, nicht nur mächtiger, als der Wille des Menschen, sondern stärker als die Sünde. Das war bestritten, und das wurde bewiesen. Da wurde Gott die Ehre gegeben, die Ihm zukommt, und jenes geheimnisvolle Gericht begann, von dem Johannes immer wieder spricht, und von welchem das einstige Gericht am Ende der Welt die Offenbarung sein wird.

III

Wir sind bereits am Anfang unserer Überlegungen auf den besonderen Charakter aufmerksam geworden, den das Bild und der Begriff vom Satan für unser Gefühl haben; diesen Charakter werden wir nun besser verstehen.

Bei primitiven Völkern finden wir ein sehr starkes Gefühl von dämonischen Wesen und Mächten. In Zeiten der Erschütterung oder des seelischen Verfalls kehrt dieses Gefühl wieder; so wird zur Zeit Jesu sowohl im allgemein-hellenistischen wie im palästinensischen Kulturraum viel von Dämonen gesprochen. Man neigt dazu, alles Widrige und Schädliche auf sie zurückzuführen; ängstet sich vor ihnen und sucht sich ihrer durch Magie und Zauberei zu erwehren. Jesu Dasein und die Tat seiner Erlösung bewirken darin einen tiefen Wandel. Der christliche Glaube ist von Anfang an mit dem Gefühl einer unendlichen Befreiung verbunden. Einer Befreiung von der Macht der Sünde, vom Joch des Leidens und des Todes, von der Herrschaft des Triebes — das alles aber nicht nur als bloße Zustände und Gewalten, sondern im Zusammenhang mit der Person des Widersachers verstanden. Dieses Bewußtsein steigert sich bis zum Gefühl des Sieges, ja des Triumphes, wie er etwa in den Visionen der Apokalypse von der Überwindung des Drachen durchbricht (12; 13; 20). Wohl ist der Christ zum Kampf gefordert, siehe die Mahnung des Apostels Paulus: »Im übrigen kräftigt euch im Herrn und in der Gewalt seiner Stärke. Ziehet die Waffenrüstung Gottes an, daß ihr bestehen könnet wider die Listen des Teufels. Denn ihr habt nicht wider Fleisch und Blut zu kämpfen, sondern wider die Herrschaften, wider die Mächte, wider die Herrscher dieser Welt der Finsternis, wider die Geisterwesen der Bosheit im Weltraum.« (Eph 6, 10-12) Zu einem Kampf also im eigentlichen Sinne, in dem es aller Kräfte des Geistes und Gemütes, des Willens und des Charakters bedarf. Allein er ist anders, als er vorher gewesen; denn er wird auf Grund der göttlichen Klarstellung geführt, daß die Macht des Widersachers ganz bestimmte Grenzen hat, und aus der Kraft des Erlösers, an der dem Christen Anteil gegeben ist. Daraus kommt die christliche Zuversicht des Sieges, wie sie sich etwa am Schluß vom achten Kapitel des Römerbriefes findet: »Denn ich bin gewiß, weder Tod noch Leben, weder Engel noch Gewalten, weder Gegenwärtiges noch Zukünftiges noch irgend welche Mächte, weder Höhe noch Tiefe noch irgendein anderes Wesen vermag uns zu scheiden von der Liebe Gottes, die da ist in Christus Jesus unserem Herrn.«

So geht dieser Kampf durch die Geschichte. Auf äußerstem Vorposten wird er durch jene geführt, die der Herr zur ganzen Unbedingtheit der Nachfolge ruft, die großen Heiligen. Sie erforschen den Raum des menschlichen Daseins und bestehen seine Gefahren. Stärker als andere empfinden sie die Wirklichkeit des Widersachers, halten ihm stand, enthüllen die Ohnmacht mitten in seiner Macht und führen so immer neu den Beweis Christi von der Überwindbarkeit des Bösen durch Gottes Kraft.

Zugleich zeigt sich aber auch etwas Anderes. Wir sprachen vom christlichen Siegesbewußtsein; vom Triumphgefühl derer, die sich in der Gefolgschaft ihres Herrn und Meisters unüberwindlich wußten. Ein Spott erwacht über den, der Christus und in Christus Gott hatte besiegen wollen, darüber aber in seiner Ohnmacht offenbar geworden war und sein Scheinreich verloren hatte. Die Theologie redet vom Trüger, der in seinem eigenen Trug gefangen; vom Hochmütigen, der in all seiner übermenschlichen Gescheitheit als dumm erwiesen worden war — wie denn die Erlösung zeigt, daß alles, was sich wider Gott stellt, Sein, Macht, Wissen und Können, im innersten Kern die Dummheit trägt.

Dieses Gefühl war erst von großer Art. Wir finden es bei den griechischen Vätern, bei einem Augustinus, bei einem Gregor dem Großen. Dann geht es in Predigt und volkstümliche Anschauung über und vergröbert sich. Das Grauen des jungen Menschen vor den dämonischen Mächten, vom Mittelalter sehr stark empfunden, verbindet sich mit dem Sicherheitsgefühl des Geretteten und der Lust am derben Spott. So entstehen die Vorstellungen vom dummen und geprellten Teufel und drücken sich in Legenden, Spielen und Sprichwörtern aus.

Immerhin bleibt das Gefühl echt, solange es vom Glauben getragen wird. Dieser stirbt aber allmählich ab. Der Mensch fühlt sich in der immer vollkommener beherrschten Welt sicher und verliert nicht nur das Bewußtsein geistiger Feindwesen, sondern einer überweltlichen Wirklichkeit überhaupt. So gerät jenes Gefühl aus seinem Zusammenhang. Die Gestalt des Widersachers wird nur noch als komisch empfunden, und von ihm ernsthaft zu reden, bringt in Verlegenheit.

Das Bewußtsein vom Satan als einem wirklichen und wollenden Wesen verschwindet. Was zurückbleibt — jenes unbestimmte Etwas, das sich in dem Worte »das Dämonische« ausdrückt — wird mit den verschiedensten Mitteln aufgelöst. Die Psychologie erklärt, es handle sich dabei um Auswirkungen von Triebstörungen; die Religionswissenschaft behauptet, es bilde einen Rest primitiver Religiosität; die Dichtung braucht es, um in die helle Welt den notwendigen dunklen Gegenton zu bringen; die Überfeinerung des neunzehnten Jahrhunderts macht es zu einem Reizmittel für ihre müden Nerven.

Unter alledem bleibt freilich etwas zurück: die neuzeitliche Angst — schlimmer als die Dämonenfurcht der frühen Völker; tausendmal schlimmer als der immer wieder im Glauben überwundene Schrecken des jungen Mittelalters vor dem Widersacher. Jene gab die dunklen Gewalten zu und suchte sich mit Symbol- und Geistesmacht gegen sie zu schützen; dieser wußte, wovor er sich fürchtete, und trat ihm mit Christi Kreuz entgegen — die neuzeitliche Angst weiß nicht mehr, wovor sie sich ängstet. Sie ist gegenstandslos. Sie starrt ins Dunkle und Ungestaltete. Der neuzeitliche Optimismus sucht mit ihr dadurch fertig zu werden, daß er vom Furchtbaren des Daseins wegblickt, oder behauptet, es allmählich, in beständiger Annäherung beseitigen zu können — es gelingt ihm aber nicht. Die Angst bleibt hinter allem sitzen und spottet seiner Anstrengungen. Der Heroismus nimmt die Haltung des Trotzes an, bejaht das Schreckliche, fordert das Ängstende heraus, nimmt es als die bittere Wurzel der Weltherrlichkeit — aber wie wundert man sich, wenn man einen Verkünder dieser Lehren kennenlernt!

Was aber den Widersacher angeht, so denkt man, er könne sich nichts Besseres wünschen, als diese Übereinkunft des Unglaubens, die ihn für nicht vorhanden erklärt. Durch sie entsteht wieder jene Atmosphäre des Truges, in welcher die Wahrheit des Daseins vernebelt wird, die Begriffe verschwimmen, der Sinn im Haltlosen irrt. In ihr kann er versuchen, die Hüllen, die Christus ihm vom Antlitz gerissen hat, wieder darüberzuziehen, und wie oft gelingt es ihm!

IV

Wie steht der Christ zum Widersacher Gottes?

Er gehört zu seiner Zeit und kann sich den geschichtlichen Veränderungen der menschlichen Haltung nicht entziehen. So hat sich auch für ihn bis zu einem gewissen Grade die Gestalt des Widersachers entwirklicht oder ist zu etwas Komischem und Peinlichem geworden. Dazu kommt, daß sich dort, wo viel vom Satan gesprochen wird, allerhand Fragwürdiges, Ungesundes und Unnatürliches einfindet und das Verhältnis zu Gott trübt. Zuweilen trifft man auf Leute, denen der Satan wirklicher zu sein scheint als Gott selbst. Von alledem geht ein quälender und verunreinigender Einfluß aus, gegen den der Christ sich zur Wehr setzen muß.

Dennoch bleibt die Tatsache bestehen, daß es den Widersacher gibt. Er ist nicht das »Prinzip des Bösen«. Es gibt nur gute Prinzipien; ebenso wie alles Seiende als solches gut ist, weil Gott es geschaffen hat. Böse ist der Widerspruch gegen Gott, der Mißbrauch des Seienden, die Verwirrung der Prinzipien. Wohl gibt es aber ein Wesen, das mit seinem ganzen Willen das Böse will, und sein ganzes Sein in dessen Dienst gestellt hat, und das ist der Widersacher. Die Offenbarung sagt uns, daß das Böse nicht im Willen des Menschen, sondern in dem der ganz geistigen Wesen, der Engel begonnen hat. Auch ihnen ist die Probe des Gehorsams gestellt worden, und manche haben versagt. Einer aus ihnen ist größer und mächtiger, Satan. Er führt die übrigen, und oft nennt die Offenbarung ihn, um alle zu nennen.

Das Böse in der Welt ist nicht nur der jeweilige, Gott

widersprechende Entschluß, sondern eine Macht, die den Einzelnen treibt. Träger dieser Macht ist zunächst der Mensch selbst; die Unordnung seiner eigenen Natur; der von der gleichen Unordnung verstörte Zusammenhang der Daseins- und Werkgefüge, wie Sprache, Herkommen, Gesetz, wirtschaftliches Leben, Kunst, Wissenschaft. Hinter diesen allgemeinen Zusammenhängen aber stehen Personen, vor allem eine, der Widersacher. »Das Böse« ist keine bloße Es-Macht, sondern von Personen getragen und in ihrem Willen verfaßt. Nicht so, daß diese, wie die gnostische oder romantische Mythologie meint, von Wesen böse wären, sondern weil sie sich wider Gott entschieden haben, dadurch selbst böse geworden sind und nun wollen, daß die Welt es auch werde. Sie sind die Sachwalter des Bösen. So ist dieses, wo immer es den Menschen berührt, ein Angriff Satans — ebenso wie Unordnung und Zerstörung, Vergeblichkeit und Ausweglosigkeit, die ganze Not und Qual des Daseins letztlich aus dem Bösen stammen und daher ihrerseits mit Satan zusammenhängen; vor allem der Tod, der ja nach der ausdrücklichen Lehre der Schrift durch die Sünde in die Welt gekommen ist (Röm 5, 12).

Die Erlösung hat Satan überwunden; damit ist im Ganzen des Daseins etwas anders geworden. Sie hat ihn nicht aus der Welt ausgeschieden, oder einfachhin ohnmächtig gemacht. Am Wirklichkeitsbestande der Schöpfung hat die Erlösung zunächst nichts geändert. Aber Christus hat offenbar gemacht, daß der Widersacher das, was er letztlich will, nämlich Gott zu besiegen, nicht vermag. Da die Macht der Sünde zu einem großen Teil in der Undurchsichtigkeit und im Trug besteht, ist allein das schon eine wirkliche Überwindung. Christus hat Wahrheit geschaffen, und in dieser Wahrheit ist der Mensch geborgen, denn die Wahrheit ist Heimat und Festung des Geistes zugleich. Außerdem ist im Ganzen des Daseins ein neuer Anfang gesetzt: das Leben des aus Gott Wiedergeborenen. Der Mensch, der sich glaubend, liebend und gehorchend in diesen Anfang stellt, hat an der Kraft Christi teil und kann von ihm aus immer aufs neue tun, was Christus getan hat: Satan widerstehen, seinen Trug enthüllen und dort, wo er steht, das Reich Gottes verwirklichen.

Was das christliche Leben an sich ist, kann man mit einem kurzen Ausdruck nicht erschöpfen; es ist eben »das Leben«, das Ganze. Man kann aber sein Wesen in verschiedenen Bildern ausdrücken, die es entfalten, und zeigen, wo die meisternde Hand zugreifen kann. So kann man etwa sagen, es sei die neue Schöpfung, mit welcher Gott die alte in den Uranfang seiner Gnade zieht, oder das beständige Anlangen des Reiches Gottes, oder das Wiedergeborenwerden des Menschen aus dem göttlichen Leben. Große Bilder, deren jedes etwas Wichtiges sagt. In ihre Reihe gehört auch das des Kampfes. Dieser Kampf hat verschiedene Felder und Gegner: gegen äußere Schwierigkeiten, gegen geistige Richtungen, gegen das Träge und Böse im eigenen Wesen, gegen die Macht der Unordnung und Zerstörung im menschlichen Gesamtzusammenhang — schließlich und endlich aber ist es der Kampf gegen einen Willen, der jeden von uns und mit ihm das Ganze, den Gang der Geschichte, die Menschheit und die Welt in das Böse reißen und das Reich Gottes zerstören will.

Um diesen Kampf müssen wir wissen. Daß der Widersacher zu etwas Komischem und Peinlichem gemacht, auf psychologische Voraussetzungen zurückgeführt, oder als ein notwendiges Element im Dasein verstanden worden ist, war für ihn ein Sieg. Für den, der so denkt, ist er ins Undeutliche und Unsichtbare zurückgetreten und unfaßbar geworden. Der Christ hat ihn klar im Auge. Er weiß, es gibt einen Willen, der Gottes Reich zerstören und den Menschen, ihn selbst, in ein böses Gegenreich hineinziehen will. Diesen Willen muß er ernst nehmen. Rechtes Handeln bedeutet nicht nur, das Sittengesetz zu erfüllen, oder das Aufbauend-Positive zu tun, oder sich auf die Seite des Lichtes zu stellen, und wie immer man die Aufgabe des Menschen von ihm her ausdrücken mag, sondern dem Willen Satans zu widerstehen. Rechtes Tun ist die Überwindung des Widersachers.

Anderseits soll der Christ alles, was den Charakter des Unklaren und Fesselnden hat, wegschaffen: alle Gefühle der Angst, des Grauens, des Gebanntseins; die geheime Lust am Dunklen, Bösen, Zerstörenden, Unnatürlichen. Nichts hat das Recht, ihn zu ängstigen — und letztlich hat auch nichts die Macht dazu. Als Christus siegte, hat Er auch die

Angst besiegt. Wo Einer sich glaubend zu Christus stellt, verschwindet sie. Die Angst des neuzeitlichen Menschen ist ein Rückfall in den Zustand vor der Erlösung. Ja er ist schlimmer als dieser, weil er aus der Erlösung herausgefallen ist, während die erste Unerlöstheit ja die Hoffnung hatte. Die neuzeitliche Angst ist nicht nur furchtbar, sondern in einem bösen Sinne unnötig.

Der Christ soll wissen, daß es nichts gibt, was ihm letztlich etwas anhaben kann. Ihm ist gegeben, in Wahrheit »frei hindurchzugehen«. Er hat das Wort des höchsten Herrn empfangen, daß »alle Dinge zu seinem Besten gereichen« sollen, wenn er bereit ist, zu lieben. Dieses Bewußtsein darf er nicht verwechseln — etwa mit dem Gefühl vom »Ritter trotz Tod und Teufel«. Das ist schön und tapfer, entspringt aber zumeist dem natürlichen »Trotzdem« des Lebens. So hängt es von Veranlagung und Umständen ab, kann sein und auch nicht sein. Das christliche Bewußtsein von der inneren Unversehrbarkeit ist anderer Art. Es ist still, schlicht, ohne große Gebärden, im reinsten Sinn demütig und ebendarin wirklich unüberwindbar.

DAS FEGFEUER

I

Die Feste des Kirchenjahres treten dem Glaubenden in verschiedener Weise nahe. Manche leben nur aus der Offenbarungswahrheit, die in ihnen Gestalt gewonnen hat, so das Fest der Erscheinung des Herrn. In anderen verbindet sich der Glaubensinhalt mit den Gezeiten des Lebens; so zu Ostern das Gedächtnis der Auferstehung Christi mit dem Wiedererwachen der Natur, oder zu Pfingsten der Tag der Herabkunft des Geistes mit der Fülle des Sommers. Wieder in anderen Festen kommt noch etwas Weiteres hinzu, nämlich die Erfahrung starker, in die Tiefen der Seele hinabreichender Lebenszusammenhänge. Dazu gehören Weihnachten und Allerseelen. In jenem verbindet sich die Feier der Geburt Christi mit dem Erlebnis des tiefsten Winters und der Wende zum kommenden Licht; in diesem die Mahnung an die Läuterung nach dem Tode mit der Schwermut des Herbstes. Darüber hinaus aber ist Weihnachten das Fest der Familie, ihrer Geborgenheit, Liebe und Hoffnung, wie sie sich besonders in den Kindern verkörpert; Allerseelen hingegen der Tag, an dem wir jener gedenken, die uns teuer waren und von uns gegangen sind. Diese beiden Feste sind weder die ältesten — von Weihnachten hören wir zuerst in der Mitte des vierten Jahrhunderts, Allerseelen sehen wir erst im vierzehnten allgemein eingeführt —, noch haben sie den höchsten Rang — das zeitlich benachbarte Fest der Erscheinung des Herrn steht über Weihnachten, und Allerheiligen über Allerseelen. Aber sie sind von starken seelischen Mächten durchwirkt; so haben sie sich besonders tief in das gläubige Gemüt eingezeichnet.

Das zweite dieser Feste, Allerseelen, legt uns eine Frage nahe, der wir nachgehen wollen. Es erinnert uns an unsere

Verbundenheit mit den Menschengeschwistern, welche durch den Tod von uns getrennt und doch von der Gemeinschaft der gleichen Erlösung umschlossen sind. Soviel verstehen wir leicht. Wenn uns aber dieser Tag mit seiner Liturgie und seinen Gebräuchen mahnt, den Toten zu helfen, dann klingt das manchem fremd. Was heißt das? Worin besteht ihre Not? In welchem Zustande befinden sie sich, und was kann da Hilfe bedeuten?

Das gläubige Volk — das Wort von jenen gemeint, die noch nicht durch die Unruhe des Verstandes und die Unrast des Willens von den Wurzeln losgelöst sind — weiß sich mit seinen Toten tief verbunden. Der Name, mit dem es sie benennt —»die armen Seelen« —, drückt innige Nähe und liebende Sorge aus. Diese Sorge nimmt in seiner Frömmigkeit einen breiten Raum ein, und es wäre nicht gut, wenn sie verschwände; es würde etwas Ähnliches bedeuten, wie wenn der Bauer von der Scholle weg in die Stadt zieht . . Der Gebildete — das Wort soll nichts von Geringschätzung an sich haben; sie wäre ebenso fragwürdig wie die des Volkes, denn auch der Gebildete ist eine Wirklichkeit und, in gewissem Sinne, ein Schicksal — hat jene besondere Sorge für die Toten verloren, und so manche Anschauungen und Gebräuche befremden ihn. Das darf nicht mit der Feststellung abgetan werden, sein Glaube habe keine Kraft mehr. Das Sorgen und Beten und Opfern des Volkes für die armen Seelen ist nicht einfachhin »Glaube« im christlichen Sinne; in ihm lebt die uralte Bindung des erdnahen Menschen an das Totenreich fort. Damit meinen wir nicht die Anhänglichkeit des Herzens an jene, die ihm teuer gewesen sind; nichts, was mit der Lebendigkeit des Gefühls oder der Treue des Charakters zusammenhinge, sondern die Verbundenheit des Menschen aus dem Hellen ins Dunkle, aus dem blutdurchströmten, fühlenden, irdischen Leben in den Bereich des Todes hinüber. Diese Verbundenheit zu haben, steht nicht beim Willen des einzelnen, sondern hängt davon ab, wieweit er noch in den ursprünglichen Ordnungen des Daseins lebt. Und wir wollen nicht vergessen, daß sie zwar dem Dasein eine große Tiefe gibt, es aber auch bedrohen kann; hat es doch Zeiten gegeben, in welchen für das Bewußtsein des Menschen die

Toten mächtiger waren als die Lebenden — denken wir etwa an die vom Totenreich her gebundene Zeit des griechischen Mittelalters, dessen Überwindung durch die olympische Religion den Lebensglanz der homerischen Welt ausmacht. Dieser Zusammenhang mit dem Reich der Toten ist es, der auch in der Beziehung des Volkes zu den armen Seelen liegt und macht, daß diese so lebendig empfunden werden. Der Gebildete hat ihn verloren; so sind ihm die Toten nicht ohne weiteres wirklich. Sein Gefühl antwortet nicht unmittelbar auf ihr Dasein. Sein Verhältnis zu ihnen wird vom Geiste und vom Herzen, nicht von den Urgründen der Seele her bestimmt. Das Sterben ist für ihn ein biologischer und wiederum ein personaler Vorgang geworden, der sein Geheimnis verloren hat; so ist sein Verhältnis zu den Toten zumeist kein unmittelbar religiöses, sondern ein persönliches, geistig-sittliches. Darum spricht der Gedanke der »armen Seelen« ihn nicht unmittelbar an, und er empfindet die Sorge für sie mitsamt den Bildern und Bräuchen, die sich an sie knüpfen, leicht als fremd.

Noch ein Weiteres kommt hinzu. Die Beziehung zu den Toten war immer auch der Raum, in dem Empfindungen unmittelbar triebhafter und zuweilen dunkler Art hochkamen. Der Tod ist ja nicht nur schwer und erhaben, sondern auch zerstörend. So ruft er im Menschen Ernstes und Edles, aber auch Fragwürdiges an; und in das Mitgefühl, das auf die Kunde von den Leiden im Jenseits antwortet, mischt sich nicht selten die Grausamkeit. Davon ist in die Vorstellungen und Empfindungen, die den armen Seelen gelten, manches eingedrungen. Wir sehen das, wenn wir etwa die Weise, wie das frühe Christentum von den Toten sprach, mit jener vergleichen, die sich im Mittelalter und in der späteren Zeit durchgesetzt hat. Die frühen Vorstellungen sind ganz geistiger und geistlicher Art; von Bildern des Lichtes und des Friedens, vom Gedanken der Geburt ins ewige Leben, vom Sieg Christi über Hölle und Tod und vom Gericht des wahrhaftigen Gottes beherrscht. Dann aber drängen sich die Bilder des Leidens vor. Geistliche Beredsamkeit und religiöses Schrifttum sprechen immer häufiger davon und schildern es mit allen Mitteln der Phantasie. Das Mitleid wird geweckt; im Mitleid aber lebt die ganze Widersprüchigkeit des Menschen, Reines wie Zweifelhaftes. So ist in dem Raum der Armen-Seelen-Vorstellung auch viel Ungutes, Sentimentales, Sensationsmäßiges eingedrungen. Das muß dem Gebildeten, dem jene unmittelbare Verbundenheit fehlt, besonders deutlich zu Bewußtsein kommen und ihm den ganzen Vorstellungskreis fragwürdig machen.

Nun ist aber die Sorge für die Toten ein wichtiger Bestandteil des liturgischen Lebens — denken wir an das Gedächtnis der Verstorbenen im Kanon der Messe und an die Totenoffizien. So können wir sie nicht einfach auf sich beruhen lassen oder gar ablehnen, sondern müssen zu verstehen suchen, worum es sich in ihr handelt. Was bedeutet also diese Sorge? Worum geht es ihr? Was liegt ihr zugrunde? Vielleicht finden wir einen Zugang, der auch uns dem Reich der Tiefe Entfremdete verstehen lehrt, was jenes Wort bedeutet, mit dem der Zustand der hilfsbedürftigen Toten und der Bereich, in dem sie sich befinden, bezeichnet wird: das Fegfeuer. Ja, es könnte sein, daß dessen Verständnis uns zu tieferer Einsicht in das Menschendasein überhaupt führt.

II

Die Offenbarung verheißt, der Mensch werde einst in die ewige Gottesgemeinschaft eingehen. Durch die Begegnung mit Christus, durch Gnade und Glaube wird in ihm das neue Leben geboren. Solange er in der Zeit pilgert, bleibt es verborgen; im Augenblick des Todes bricht es durch. »Ewig« war es von Anfang an, sofern es Leben Gottes war; nun wird es ewig auch in seiner Verwirklichung, nämlich frei von der Zeit, reine Gegenwart. Es bedeutet einen wichtigen Augenblick im gläubigen Dasein, wenn der Mensch das, was einst folgen soll, schon jetzt als wirklich zu empfinden und sein Bewußtsein über den Tod hinauszugreifen beginnt . . Nun kann aber nichts Böses zu Gott eingehen, denn er ist der Heilige. Nicht bloß der Reine und Gerechte und der Grund alles Guten, sondern Jener, der das Böse, Unreine, Verdorbene, Niedrige haßt und von sich stößt. Der Glaubende hat sich also zu fragen, ob denn von ihm, so wie er ist, ein Weg zu Gott führe? Der da ins ewige

Leben eingehen soll, bin doch ich; wie es aber mit mir steht, weiß ich einigermaßen. Und wenn ich erst einmal so weit bin, den oberflächlichen Appell an die Güte Gottes beiseite zu tun, welcher meint, »es werde schon alles gut werden«, dann fühle ich die Unmöglichkeit, so wie ich bin, zu Gott zu gelangen. Nun sagt freilich der Glaube, daß ich nicht aus Eigenem, sondern durch Seine Gnade zu Gott gelangen soll; daß mir um der Erlösungstat Christi willen verziehen und an seiner Gerechtigkeit Anteil gegeben wird. Das soll aber doch keinen Zauber, sondern Wirklichkeit bedeuten. Es soll mir nicht bloß zugesprochen, sondern mein eigen; nicht bloß über mich gehängt, sondern mit mir eins werden. So erwacht die Frage aufs neue: Ist es mir auch wirklich zu eigen, und mein Leben aus der Gnade neu geworden?

Was bestimmt im Letzten das Gut- und Böse-Sein eines Menschen? Seine Gesinnung. Die »Gesinnung« geht aus der Freiheit hervor; jener geheimnisvollen Bewegbarkeit des Menschen, kraft derer er aus sich selbst eine geistige Richtung einschlagen kann. Die Gesinnung ist die innere Richtung des Menschen; die Art, »wie er es meint«. Man kann auch sagen, sie sei der Richtungswille selbst, aus dem sich die Freiheit bestimmt. Der »Sinn«, wie jener Anfang, der Freiheit heißt, anhebt: im Guten oder im Bösen, aus Gott oder aus dem Eigenen, auf Gott zu oder von Ihm weg. Wenn die Gesinnung gut ist, gehört der Mensch zu Gott. Ebenso richtig, ja noch richtiger, aber »hart zu hören«, lautet der Satz so: Wenn der Mensch zu Gott gehört, ist seine Gesinnung gut. So sagt denn auch das Loblied der Engel in Bethlehem, daß »die Menschen des Wohlgefallens den Frieden haben« (Lk 2, 14). »Wohlgefallen« bedeutet die Gnade, und der »Friede« wird jenen Menschen verkündet, die von ihr ergriffen sind; es bedeutet aber auch den guten Willen, und die Preisung meint jene Menschen, deren Gesinnung sich Gott zuwendet, und die darin Gott gefallen. Beides geht geheimnisvoll und unscheidbar in eins.

Wie ist aber, lebendig gesehen, diese Gesinnung? Wie stellt sich diese Anfangskraft des Menschen dar, worin sein Tun aus sich selbst heraus Wertrichtung nimmt? Sie hat zunächst eine Form, die wir unmittelbar in uns selbst erfassen können, nämlich die Tatsache, daß wir es so oder so meinen. Die können wir beurteilen und verantworten. Mit ihr erschöpft sie sich aber nicht. Es kann sein, daß wir unsere Gesinnung richten; etwa wenn wir uns aus irgendeinem Anlaß sagen, mit unserem Leben stimme es nicht und wir müßten es ändern. Dann prüfen wir uns, verurteilen das begangene Unrecht und entschließen uns zum Guten — haben aber darunter das Gefühl: »ich tue es doch wieder«. In dem, was »Gesinnung« heißt, zeigen sich also verschiedene Schichten. Unter dem, was der Wille in der Hand hält und das sittliche Bewußtsein verantwortet, liegt anderes, das sich dem entzieht. Sobald wir das bemerken, suchen wir — mit größerem oder geringerem Erfolg — die widerstrebende Schicht von der oberen, beherrschten aus zu durchdringen und die von uns gemeinte Gesinnung weiter vorzutreiben .. Was wir mit dem Wort bezeichnen, ist also nicht einfach und ohne weiteres zu durchschauen, sondern vielschichtig und reicht ins Halbbewußte, Unterbewußte, Unbewußte hinab. Nie wird man sagen können, wie weit es in uns hinunter- und hineingeht. Wer darf also erklären, er sei gut gesinnt? Die Gutheit, für die wir einstehen können, reicht so weit als unser Bewußtsein; dann geht es ins Unbekannte. Unser Streben und Ringen soll diese Gutheit immer weiter ins Innere vortragen, und wir ahnen wohl, was die »Reinigung des Gewissens« und »Läuterung des Herzens« bedeutet, von welcher die geistlichen Meister reden. Aber welche Aufgabe, den Willen bis auf den Grund gut zu machen!

Wenn nun der Mensch stirbt und vor Gott tritt — wie steht es dann mit seiner Gesinnung? Denken wir etwa an jemand, der erst einen falschen Weg eingeschlagen, sich um Gott nicht gekümmert hat und erst nachher, vielleicht sehr spät, umgekehrt ist. Er hat getan, wovon die Schrift sagt, daß die Engel im Himmel darüber Freude haben: er hat sich bekehrt. Er hat seine Gesinnung, soweit er sie zu fassen bekam, umgewendet. Doch wie ist es mit dem, was in die Tiefe geht? Entsprechendes gilt aber für jeden Menschen, auch für die »neunundneunzig Gerechten, die der Buße nicht bedürfen« (Lk 15, 7). Es gilt für den, der immerfort fällt, aber den innersten Willen zum Guten nicht verliert; ebensogut aber für den unablässig an sich Arbeitenden, der offenkundig vorankommt . . Doch lassen wir das einen Augenblick auf sich beruhen.

Der Mensch soll gut sein. Das bedeutet, an seiner entscheidenden Stelle, das Gute zu wollen, die gute Gesinnung zu haben. Damit ist es aber nicht erschöpft. Es gut zu meinen, sich für das Gute zu entschließen, ist erst der Anfang; gut zu sein bedeutet mehr. Nicht nur die Gesinnung soll gut sein, sondern auch die Tat, ja das Sein. Die Gesinnung soll aus jenem vorbehaltenen Ort, wo der Mensch sich selbst mit so geheimnisvoller Leichtigkeit in der Hand liegt, in den Raum der Dinge und Kräfte, des Handelns und Begegnens, des Werdens, Wachsens und Sich-Vollendens dringen. So soll ich mich z. B. nicht nur für die Wahrheit entscheiden, sondern sie auch sagen. Was heißt das aber, die Wahrheit zu sagen? Zunächst einmal, daß ich Worte spreche, die richtig sind. Es kann aber sein, daß das, was ich sage, an sich stimmt, ich jedoch dabei innere Vorbehalte mache. So muß der Wahrheitswille zu ihnen vordringen und sie überwinden. Hinter den Worten können schiefe Absichten, Verschleierungen und Feigheiten stecken; so muß die Wahrheitsgesinnung sie erreichen und aufarbeiten, und so fort. Wenn ich also die Wahrhaftigkeitsgesinnung wirklich in die Tat umsetzen will, muß ich von einer obersten, leicht zu erfassenden Schicht aus immer tiefer hinabdringen. Damit wäre ich erst am Ende, wenn die ganze lebendige Kraft sich jener Gesinnung zur Verfügung gestellt, wenn die Wahrhaftigkeit die innersten Regungen durchdrungen hätte, und nicht nur die bewußten, sondern auch die verborgenen, halb-, unter- und unbewußten; die menschliche Tiefe mit all dem Dunklen, Widersprüchigen, Empörerischen, Schlechten, zu dem unser Blick unmittelbar gar nicht gelangt . . Wer wird da sagen dürfen, er sei wahrhaftig? Und wenn der Mensch stirbt — wie kommt er dann vor Gottes Auge?

Wir müssen aber noch einmal weiter gehen. Es ist nicht nur gefordert, daß wir das Gute tun, sondern daß wir gut seien. Dafür bildet das Sein des Menschen den Rohstoff: körperlichen, seelischen, geistigen. Dieser Stoff ist aber nicht nur einfach ungeformt, sondern er widerstrebt. Er empört sich. Er ist vielfach verworren und verdorben, unehrlich und unrein. Dieser Stoff soll von der Gesinnung her durchgearbeitet werden. Sie soll als innere Richtung alles ordnen; als Wertschwingung alles durchwalten.

Wenn wir uns daraufhin prüfen, dann werden wir die Empfindung haben, von unserem lebendigen Sein sei nur eine sehr dünne Schicht erfaßt; das übrige aber liege darunter, wie unberührte Erde, in welche die Pflugschar nicht reicht. Entmutigende Aufgabe, gut zu werden! Was muß das sein, was die Heiligen vollbringen! Ein Heiliger ist ein Mensch, dessen ganzes Sein in Bewegung gekommen, bis auf den Grund durchleuchtet und umgeformt worden ist — was sollen wir da sagen? Wie kommen wir vor Gott?

Und noch sind wir nicht am Ende. Gut-Sein in der Fülle seines Sinnes bedeutet immer noch mehr. Wir glauben, daß Gottes Fügung uns führt. Ein Tag um den anderen trägt uns die Aufgaben zu, die Er uns stellt. Arbeit, Werk, Kampf, Überwindung, Opfer sollen vollbracht werden. Große, schwere, nie abreißende Forderung — und wir wissen, wie selten wir ihr wirklich genügen. Echtes Gut-Sein würde heißen, daß wir in jeder Stunde vollbrächten, was sie verlangt, und so das Leben zur Fülle seiner von Gott geforderten Leistung und Vollendung aufstiege.

Was nicht getan ist, kann aber nicht nachgeholt werden, denn jeden Tag gibt es nur einmal, und der nächste fordert wieder das Seinige. Was wird aus den Lücken und Leeren in diesem vorübergehenden Leben?

Und wie ist es mit dem, was falsch gemacht worden ist? Wir können es einsehen; können versuchen, es besser zu machen — aber was getan ist, ist getan und sitzt im Sein. Was wird mit dem?

III

Wenn der Mensch vor Gottes Angesicht tritt, in das Licht seiner Wahrheit, die alles enthüllt, in die Macht seiner Heiligkeit, die alles zurückstößt, was unheilig ist — was geschieht dann?

Der Glaube sagt, den, der ein Mensch des Wohlgefallens war, von der Gnade gemeint und vom guten Willen beseelt, nimmt Gott auf. Er gibt ihm Anteil an der Gerechtigkeit Christi; hüllt ihn in Seine eigene Heiligkeit.

Was heißt das aber? Gott tut das doch nicht so, daß unter der geschenkten Gerechtigkeit das Böse und Häßliche bleibt? Daß sie ein Mantel über dem Schmutz ist?

Man antwortet: Gott vergibt die Sünde.

Wiederum aber: was heißt vergeben? Doch nicht das, was ein Mensch dem Anderen tut, wenn er ihm eine Kränkung »vergibt«? Dieses Vergeben läßt das Sein des Anderen unberührt. Es sagt nur: »Ich habe nichts mehr wider dich.« Gottes Vergebung muß mehr bedeuten. In dem Menschen muß etwas vor sich gehen.

Man könnte sagen, Gottes Liebe schaffe den Menschen um.

Im Letzten ist es sicher so — doch wir müssen vorsichtig sein. Gott ist allmächtig, aber kein Zauberer. Gottes Liebe schafft, aber in der Wahrheit. Gott gibt dem Menschen ein »neues Herz« und ein »neues Leben«; das bedeutet aber gewiß nicht, das Geschehene werde ungeschehen gemacht. Hier ist eine Lücke; hier muß etwas vor sich gehen: eine Änderung, eine Läuterung, ein Nachholen — und nun sind wir dort, wohin wir gelangen mußten.

Wenn der Mensch stirbt, verläßt er die Zeit. Dann ist »der Tag« vorbei, an dem er »die Werke Gottes wirken« kann (Joh 9, 1-4). Jetzt kann er nicht mehr tun, sondern nur noch sein. Verändert sich dann nichts mehr in ihm?

Nicht in demjenigen, der vollendet hinübergegangen ist; er steht in der reinen Gegenwärtigkeit ewigen Lebens. Ebensowenig in dem, der sein Leben bösen Willens abgeschlossen hat; er ist in der Verlorenheit des ewigen Todes erstarrt. Wie ist es aber mit jenem, in dem zwar der gute Wille war, dieser Wille aber noch nicht — oder noch nicht genug — das Sein ergriffen hatte? Dessen gute Gesinnung nur um einiges unter die Oberfläche hinabgedrungen war, während darunter die Auflehnung saß, und die Tiefen voll von Bösem und Unreinem waren? Dessen Leben überall die Lücken des Unvollbrachten und die Zerstörungen des falsch Getanen in sich trug? Er kann nichts mehr tun, antwortet die Kirche, aber er kann leiden. Sein Leiden kommt ihm aus seinem Zustande und ist zugleich Überwindung dieses Zustandes.

Wenn ein solcher Mensch ins Licht Gottes tritt, sieht er sich mit Dessen Augen. Er liebt Gottes Heiligkeit und haßt sich selbst, weil er ihr widerspricht. Sein Zustand tritt ihm ins Gefühl. Was er vorher nur war, vielleicht ahnte, empfindet er jetzt. Er durchlebt sich als den, der er vor Gott ist, und das muß ein unausdenkbares Leiden sein. Dieses Leiden wirkt aber. Die Gesinnung läutert und vollstreckt sich, bis sie die Fülle des guten Willens erreicht hat. Sie dringt in die lebendigen Kräfte und durchglüht sie, bis sie ganz von ihr erfaßt und in das reine Gewärtigsein der Bereitschaft gelangt sind. Sie durchwirkt das Sein, bis der Mensch nicht nur gut will, sondern das Gute zur Form seiner Wirklichkeit geworden ist. In diesem Werden sind Sterben und Aufleben zu einem wunderbaren und erschreckenden Geheimnis verbunden. Immerfort wird ein Tod erlitten, aus dem sich das neue Leben erhebt.

Selbst auf die Leere des Nichtgetanen erstreckt sich dieses Geschehnis. Nicht als ein Zauber, der bewirkte, was nicht geschehen ist, sei es nun doch; das wäre Gaukelei. Es muß aber das geben, daß in der Hingabe des Geschöpfes an den umschaffenden Willen Gottes — und hier geht tatsächlich ein Schaffen Gottes vor sich; denn das, wovon wir sprachen, ist Gnade, Werk Gottes; freilich ein Werk, das sich aus der Freiheit des Menschen heraus vollzieht — es muß das geben, daß in diesem tiefsten Einswerden mit dem heiligen Gotteswillen das Versäumte nachgeholt wird, sonst bleibt auf dem Grunde von allem Verzweiflung oder Resignation. Das nicht bestandene Leben muß nachbestanden, die nicht erkannte Wahrheit nacherkannt, die nicht vollbrachte Liebe nachgeholt werden können. Natürlich nicht als Ersatz; Einmaliges ist nicht zu ersetzen — aber liegt nicht schon in der Reue ein Hinweis auf dieses Geheimnis der Nachholbarkeit? Was ist denn die wirkliche Reue? Nicht bloß Schmerz über das Verfehlte; der würde bloß die Lücke unterstreichen. Auch nicht bloß der Wille, es das nächste Mal besser zu machen; das würde das Geschehene stehen lassen. In der Reue nimmt der Mensch das Gewesene auf; durchdringt es erkennend und beurteilend, mit Verstand und Willen und Gesinnung. Und er tut es vor Gott, dem Lebendigen und Heiligen. Darin vollzieht sich mehr, als bloß eine Stellungnahme zum Gewesenen. Was geschehen ist, wird wieder in die Freiheit aufgenommen und durch sie umbestimmt; es wird in den Anfang der neuen Schöpfung gezogen, welche durch die Macht des Heiligen Geistes geschieht, und von Ihm umgeschaffen . . Da ist weiter die Einsicht der Psychotherapie, wenn der Mensch in früher Jugend oder sonst in einem sehr verletzlichen Augenblick vor einer Forderung versagt habe, setze sich das Geschehene im Innern unter dem hellen Bereich des Bewußtseins, im Unbewußten fest und wirke von dort zerstörend in das ganze Leben ein. Dann helfen keine Mittel oder Maßnahmen, sondern das falsch Gelebte müsse neu bestanden werden. Der Mensch müsse es ins Bewußtsein heraufholen, ihm standhalten und ehrlich tun, was jetzt getan werden kann, dann komme das Leben in Ordnung.

Das alles gibt uns einen Hinweis. Bei dem, was uns beschäftigt, handelt es sich ja um die Wiederaufnahme des Lebens. »Gericht« bedeutet, daß der Mensch im heiligen Lichte Gottes sich ganz sieht: die Zustände und die Ursachen; das Zufällige und das Wesentliche; das Äußere, das Innere und das Innerste; das bisher schon Gekannte und das Verborgene; ob es nun bloß zu tief lag, oder vergessen war, oder verdrängt und zugeschüttet wurde — das alles sieht der Mensch. Und er sieht es ohne jeden Schutz. Was sonst unempfindlich macht: Stolz, Eitelkeit, Ablenkung, Gleichgültigkeit — alles das ist weg. Er ist ganz offen, ganz fühlend, ganz gesammelt. Und er will. Er steht auf seiten der Wahrheit gegen sich selbst. Er ist bereit, seinem eigenen Leben, all dem Versäumten, Halben, Wirren darin standzuhalten. In geheimnisvollem Leiden stellt das Herz sich der Reue zur Verfügung und überliefert sich so der heiligen Macht des Schöpfergeistes. Daraus wird das Versäumte neu geschenkt. Das Falschgemachte wird in Ordnung gerückt; das bös Gelebte um- und ins Gute hinübergebracht. Nicht äußerlich verbessernd, sondern so, daß alles durch das umschaffende Geheimnis der Reue hindurchgeht und neu ersteht. Das ist die Läuterung, von der die Kirche spricht. Von ihr wird kein wohlgeartetes Herz sagen, es finde kein Verhältnis dazu. Antwortet nicht vielmehr unser Tiefstes mit Dank, daß dieses gewährt sein solle? Sagt es nicht: »Ich wollte, ich wäre so weit?«

IV

Hier wird aber auch klar, wie so manches an dem Bilde, das wir uns von den Heimgegangenen machen, verkehrt ist. Das Wort »die armen Seelen« ist innig und voll liebender Sorge; es enthält aber auch Kleines und Verkleinerndes. Die »Toten in Gottes Hand« haben nichts an sich, was Bemitleidung verdiente. Sie stehen in einem unausdenkbaren Leiden; aber dieses Leiden ist würdig. Wenn wir einen Menschen sehr liebten, und er wäre einen falschen Weg gegangen; eines Tages aber träfe ihn das Licht, und wir sähen nun, wie er in der tiefen Not des Umwerdens stünde — würden wir ihn da bemitleiden? Wir würden um ihn bangen, würden sein Leiden mit tragen, immer aber wissen, daß da etwas Großes geschieht, und Ehrfurcht empfinden. So müssen wir vom Bilde der Heimgegangenen alles abstreifen, was kleinlich ist; alles, worin sich das verborgene Bedürfnis des Menschen ausdrückt, den anderen leiden zu sehen; alle Geschäftigkeit des Helfens, alles Zudringen der Barmherzigkeit. Die Schrift lehrt uns anders, und ebenso die Liturgie der Kirche. Es sind die Söhne und Töchter Gottes, die in der Not, aber auch zugleich im Triumph ihres Durchbruchs zur Herrlichkeit stehen.

Die Sorge für sie ist gut. Das Bild, das wir soeben anriefen, kann uns auch dafür den Weg weisen: Wenn wir neben dem geliebten, sich zum Guten durchkämpfenden Menschen stünden, würden wir ihm sicher helfen wollen, aber nicht mit Belehrungen und kleinen Praktiken. Wir würden ihn zu verstehen suchen; mitleben, was er erlebt; innerlich bei ihm sein und ihm, wenn er es braucht, in jeder Art wirklicher Hilfe die Hand reichen . . Gewiß sollen wir den büßenden Menschengeschwistern helfen, aber nicht so, als wären sie Bettler und wir gäben ihnen Almosen. Nicht so, daß wir hier irgend etwas machten und drüben bekämen sie die Wirkung. Wir sollen im Glauben um sie wissen. Liebend bei ihnen sein. Jene Macht, welche das Werk ihrer Umschaffung wirkt, die Liebe des Heiligen Geistes, anrufen, daß sie die Büßenden immer mächtiger durchglühe, immer tiefer in die Wurzeln ihres Seins dringe, sie in den Anfang des Werdens ziehe und zur Heiligkeit erstehen lasse. Und wenn einer in der Liebe schon mehr erfahren hat und tiefer in das Geheimnis Christi eingeweiht ist, mag er daran denken, daß jenes neuschaffende Leiden aus der Erlösung kommt, und suchen, wie er sein eigenes Lieben und Leiden mit dem erlösenden Willen Christi vereinigt.

Wo unsere Zukunft heller wird

Die Herderbücherei nach dem 1000. Band

In jeder Serie ist Band 1000 ein Signal. Am Vorabend des Dritten Reiches schrieb z. B. Karl Jaspers für die Nummer 1000 der Sammlung Göschen seine berühmte Zeitanalyse. Die Redaktion der Herderbücherei stellt *ihren* Jubiläumsband unter eine Frage, die heute viele Menschen bewegt: „Wer wird das Antlitz der Erde erneuern?"

Verdruß und Langeweile, Resignation und Ratlosigkeit, die heute allenthalben herrschen, machen es nicht wünschenswert, daß unsere Zunkunft eine Hochrechnung unserer Gegenwart wäre. Entscheidendes muß sich ändern, wenn unsere Welt lebenswert bleiben soll. Doch die Hoffnung, daß dies auf *revolutionären* Wege zu erreichen wäre, ist längst dahin. Bleibt also alles beim alten?

In dieser lähmenden Situation fordert Band 1000 der Herderbücherei dazu auf, verheißungsvolle Aufbrüche anderer Art nicht zu übersehen. Daß Natur verteidigt wird, daß Poesie wieder einen Markt hat oder daß das Verständnis für die Tiefenerfahrungen anderer Religionen wächst, sind nur die augenfälligsten Erscheinungen. Im einzelnen geschieht viel, was über den toten Punkt hinausführen könnte. Wir nehmen es nur nicht wahr, weil der Zeitgeist unseren Blickwinkel verengt hat. Es gilt also, Bewußtseinsgrenzen zu sprengen und neue Wirklichkeiten in den Blick zu nehmen, wenn wir wieder zuversichtlich werden wollen.

Band 1000 der Herderbücherei analysiert, wo sich, meist unterhalb unserer Wahrnehmungsschwelle, schöpferische Veränderungen vollziehen. Sein Untertitel „Von den Spuren des Geistes in unserer Zeit" könnte als Leitwort über dem gesamten Herderbücherei-Programm nach Band 1000 stehen. In vielen Bänden versucht die Taschenbuchredaktion auszumachen, wo Zeichen des Untergangs zu Zeichen des Übergangs werden. Bekannte Wissenschaftler äußern sich dazu in dem Herdertaschenbuch „Wo unsere Zukunft heller wird" (Nr. 1021). Er wird herausgegeben von Ursula von Mangoldt, die in einem eigenen Band „Was birgt uns in der Gefahr?" (Nr. 1051) ihre Erfahrungen an der Schwelle eines neuen Zeitalters beschreibt.

Veränderungen allenthalben. Auf dem Gebiet der Seelenforschung schildert Elisabeth Lukas, die Meisterschülerin von Viktor E. Frankl, den Weg „Von der Tiefen- zur Höhlenpsychologie" (Nr. 1020), den die Logotherapie eingeschlagen hat. Die 1982 begonnene Serie „Wegzeichen" zieht die Folgerungen aus der wachsenden Abkehr vom bequemen Versorgungsdenken. Zum Umdenken fordern Tisa von der Schulenburg und Heinrich Böll auf in Erinnerung an die schlimmen Jahre der Nachkriegszeit: „Was ist aus uns geworden?" (Nr. 1024). In der Tat sind an unsere Humanität neue Fragen gestellt. Das wird besonders deutlich in der Orientierungsstudie „Atomwaffen und Gewissen" (Nr. 1043) oder in dem Dokumentarbericht „Die letzte Fahrt der Kap Anamur?" (Nr. 1058), geschrieben von dem Initiator des Rettungskomitees Robert Neudeck.

Die Welt wieder vielschichtiger und geheimnisvoller zu sehen, darum geht es in einer anderen Programmsparte. So haben Sterne nicht nur einen Lauf, sondern auch eine Sprache, wie der Astronom Udo Becker schreibt („Was sagen uns Sterne?" Nr. 1053). Haben wir einen 6. Sinn?, fragt der Jerusalemer Forscher H. C. Behrendt in seiner „Einführung in die Telepathie" (1022) und als Quintessenz einer langen Beschäftigung kommt der Marburger Theologe Ernst Benz zu der Feststellung, daß ein gründliches Gespräch zwischen „Parapsychologie und Religion" (Nr. 1025) wichtige Ansatzpunkte liefern könnte für ein tieferes Verständnis der biblischen Bücher.

„Warum noch lesen?" heißt der Titel des 53. INITIATIVE-Bandes, in dem Gerd-Klaus Kaltenbrunner und seine Mitarbeiter sich mit dem notwendigen Überfluß der Bücher beschäftigen. Angesichts dieses Programms läßt sich die aufgeworfene Frage leicht beantworten.